中国政治研究丛书·第二辑

人才政策评估的数字化方法

薛泽林 著

上海社会科学院出版社

前　言

　　人才政策作为新时代人才强国战略落地的工具集，主要包括中央和地方两个层级、综合和专项两个类别、法规和文件两种形式。进入新时代以来，一方面，我国的人才政策总体开始呈现出新的高潮，中央与地方的政策组合拳有效地推动了我国人才强国战略的深入实施；但另一方面，人才政策评估不够及时、不够精准、不够科学，导致人才政策面临着繁琐、重复、低效等效能不够高的问题，成为困扰人才理论研究和实务工作的瓶颈。探索更加及时、更加精准、更加科学、更加行之有效的人才政策评估模式，为高水平人才高地建设的政策制定、执行和修订提供数据支持，成为当下人才工作的重点和难点之一。

　　自人类进入数字化的新技术时代以来，数字技术的发展不仅推动了治理、经济、社会的快速数字化转型，也给公共政策评估的数字化方法新探索带来了机遇，并催生了众多理论研究者的学理探讨和政策实践者的评估实践。聚焦于我国当下的人才政策评估理论与实践不难发现，已有的人才政策评估多使用了较为传统的定量评估、定性评估、试验评估等分析方法，评估过程也有在主体、过程、方法等方面的短板。自身体制机制不健全与新技术方法应用不足是我国的人才政策评估所面临的双重困扰，研究人才政策评估的数字化方法，用新技术突破已有政策评估的制度瓶颈，打造人才治理的新模式势在必行。

　　数字时代的技术发展使得公共政策的评估深度内嵌于治理体系之中。在传统的决策周期模型中，评估往往是决策完成之后单独进行的一个环节，属于整个决策周期的最末端，其滞后性和潜在风险是政策评估效能大打折扣的主要原因。但进入数字时代以后，基于数字技术建立起来的全样本、实时性、交互性的平台型治理体系，使得政府政策的制定、执行、评估和修改开始高度融合在一起。如借助于城市大脑和领导驾驶舱，决策者可以更加直观、更加及时地了解到包括人才政策在内的各项公共政策的运作情况，并基于核心监测指标以及总体政策指数的情况，综合判断乃至调整人才政策的总体安排。

结合政府治理数字化转型的总体趋势，本研究认为，当下我国人才政策评估应树立数字驱动评估创新的总体思路。具体而言，人才政策评估的数字化方法创新，就是构建以数字驱动为特征，场景和界面融合的人才政策评估"双层嵌套的场景治理"新模式。研究认为，双层嵌套的场景治理新模式以完善人才治理体系为目标，以推动"技术—数据—治理"三种逻辑融合为思路，以政策供需的精准匹配为方法，以界面嵌套和场景应用为工具，具体抓手是推动数据与技术、技术与治理、部门与政策、场景与需求的融合，打造数字化转型背景下的人才工作协同一体化格局。

人才政策评估的数字化方法创新在实践中要充分发挥数字化的技术优势，通过政策评估理念转变、机制转变、问题明确、战略锚定，更好地运用新技术推动人才政策的发展。具体来说，一是人才政策评估理念转变，包括树立循数决策理念、注重数据价值挖掘、关注评估技术瓶颈、明确质量增长逻辑；二是人才政策评估机制转变，包括明确数据采集汇聚机制、优化政策收益反馈机制、探索多元指标整合机制、健全数据评级保护机制；三是人才政策评估关键问题，包括强化人才信息安全与保护、关注数据质量与算法优化、完善政策评估法律和制度、培育专业化政策评估人才；四是人才政策评估的数字化方法未来战略，包括强化人才战略实现的新型举国优势、实施更加精准有效的人才政策体系、打造有效的人才战略实施监测系统、推动政策评估制度与技术工具融合、研发具有中国特色的人才评价标准等。

基于当前数字化转型的总体趋势，本研究提出了人才政策评估的数字化方法议题，主要理论创新和不足各有两点。理论创新方面：一是从研究的问题意识来看，结合治理的数字化转型方向，以及当下我国人才政策评估面临的短板和制约，提出了人才政策评估的数字化转型问题，并初步探讨了其可能包含的主要内容；二是在人才政策评估数字化方法"目标、思路、方法"分析的基础上，基于数据与技术融合、技术与治理融合、部门与政策融合、场景与需求融合的思路，初步构建了人才政策评估数字化方法创新的"双层嵌套场景治理新模式"。不足方面：一是受制于研究者自身的专业背景限制，在数据分析和软

前言

件设计方面的短板使得该报告所提出的方法总体来看还比较粗浅,距离真正落地还有一段距离;二是人才治理的数字化转型作为一种新的治理趋势和方向,现有实践才刚刚开始,合适的实证案例一时难以找到,所构建的理论没有经过实证的检验。

展望未来,人才政策评估的数字化方法能够通过全样本数据整合、模型化数据分析、实时化评估反馈、全过程数据支撑等方式,推进人才政策过程中议程设置信息化、备选方案讨论开放化、决策执行智能化、决策评估实时化以及全过程跨学科综合集成化等目标,着力破解当前人才政策评估的"双重不足"。但立足当下,面对公共事务的高度复杂性,人才政策评估的数字化方法其效果究竟如何、模式设计何为最优、风险挑战还有哪些,处于探索初期的我们尚无定论。而解答以上问题则需要我们进一步洞察国内外研究和实践的前沿,直面不断"数据化""网络化""集成化"的现实政策环境,建立起持续迭代优化的政策模式以应对挑战。

目　　录

前言 ·· 1

第一章　绪论 ·· 1
　　一、研究背景 ··· 1
　　二、理论意义 ··· 4
　　三、实践价值 ··· 6
　　四、人才政策评估的创新方向 ································· 8
　　五、研究基本思路和主要观点 ································· 10

第二章　公共政策评估的理论发展 ································· 13
第一节　公共政策评估的基本要素 ······························ 13
　　一、政策评估的定义 ··· 14
　　二、政策评估的标准 ··· 16
　　三、政策评估的程序 ··· 17
第二节　公共政策评估的理论模型 ······························ 20
　　一、目标达成模型 ·· 20
　　二、侧面影响模型 ·· 21
　　三、综合评估模型 ·· 23
第三节　公共政策评估的演进趋势 ······························ 24
　　一、关注效果的第一代政策评估 ······························ 25
　　二、关注实用的第二代政策评估 ······························ 26
　　三、关注批判的第三代政策评估 ······························ 27

四、关注回应的第四代政策评估 ………………………………… 28
　第四节　公共政策评估的最新探索 …………………………………… 29
　　一、S-CAD政策评估方法 ……………………………………… 29
　　二、政策评估准试验方法 ………………………………………… 32
　　三、政策评估的实验方法 ………………………………………… 35

第三章　我国人才政策评估的实践现状 …………………………………… 39
　第一节　新时代我国人才工作的战略导向 …………………………… 39
　　一、坚持党管人才基本原则不动摇 ……………………………… 40
　　二、坚持人才引领发展思路不动摇 ……………………………… 41
　　三、坚持全方位聚才用才战略不动摇 …………………………… 43
　　四、坚持体制机制改革路线不动摇 ……………………………… 45
　第二节　新时代我国人才工作的顶层设计 …………………………… 47
　　一、坚持投入优先，提升人才工作战略定位 …………………… 48
　　二、坚持创新驱动，营造良好人才发展环境 …………………… 50
　　三、坚持市场导向，不断完善人才治理体系 …………………… 52
　第三节　我国人才政策实施的创新性实践 …………………………… 54
　　一、深圳前海人才政策创新 ……………………………………… 54
　　二、杭州余杭人才政策创新 ……………………………………… 59
　　三、江苏昆山人才政策创新 ……………………………………… 63
　　四、北京中关村人才政策创新 …………………………………… 66
　第四节　我国人才政策实践面临的瓶颈 ……………………………… 69
　　一、人才政策的总体效能有待进一步提升 ……………………… 70
　　二、人才政策的总体质量仍要进一步优化 ……………………… 71
　　三、人才政策的制度障碍还需进一步突破 ……………………… 73

第四章　我国人才政策评估的现状 ………………………………………… 76
　第一节　我国人才政策评估的实践探索 ……………………………… 76
　　一、国家人才中长期规划专项评估 ……………………………… 76

二、国家科技中长期规划中期评估 …………………………… 81
　　三、地方性重大专项人才政策评估 …………………………… 84
　第二节　我国人才政策评估的理论探讨 ………………………… 88
　　一、定量评估方法 ……………………………………………… 88
　　二、定性评估方法 ……………………………………………… 90
　　三、试验评估方法 ……………………………………………… 93
　第三节　当前我国人才政策评估的短板 ………………………… 95
　　一、人才政策评估主体方面短板 ……………………………… 95
　　二、人才政策评估过程方面短板 ……………………………… 97
　　三、人才政策评估方法方面短板 ……………………………… 98
　　四、人才政策评估的双重制约 ………………………………… 99

第五章　人才政策评估的数字化方法新模式 ………………… 101
　第一节　公共政策评估的数字化方法研究进展 ………………… 101
　　一、政策评估数字化方法的发展应用 ………………………… 102
　　二、政策评估数字化方法的总体思路 ………………………… 108
　　三、政策评估数字化方法的应用程序 ………………………… 111
　第二节　人才政策评估数字化方法的机遇 ……………………… 113
　　一、数字化时代人才政策评估特征变化 ……………………… 113
　　二、数字化时代人才政策评估逻辑转变 ……………………… 116
　　三、数字化时代人才政策评估关键问题 ……………………… 118
　第三节　人才政策评估数字化方法的内容 ……………………… 121
　　一、人才政策制定评估 ………………………………………… 121
　　二、人才政策执行评估 ………………………………………… 123
　　三、人才政策效果评估 ………………………………………… 126
　第四节　人才政策评估的数字化方法新模式 …………………… 128
　　一、目标：构建简约高效的人才治理体系 …………………… 129
　　二、思路：推动治理—技术—数据深度融合 ………………… 131
　　三、方法：探索数据驱动的政策精准定制 …………………… 133

四、模式：打造双层嵌套场景治理新模式 ……………… 134
　　五、双层嵌套场景治理体系的建构与应用 ……………… 138

第六章　人才政策评估数字化方法的案例分析 …………… 143
第一节　雄安新区人才政策评估的网络分析方法 ………… 143
　　一、实施背景 ……………………………………………… 144
　　二、数据方法 ……………………………………………… 144
　　三、主要内容 ……………………………………………… 145
第二节　水利人才政策评估的数字人才画像方法 ………… 148
　　一、总体设计 ……………………………………………… 148
　　二、体系运作 ……………………………………………… 149
　　三、总体成效 ……………………………………………… 150
第三节　教师人才政策评估的数字模型分析方法 ………… 151
　　一、实施背景 ……………………………………………… 151
　　二、系统架构 ……………………………………………… 152
　　三、成效分析 ……………………………………………… 153
第四节　浙江人才政策评估的数字人才智治方法 ………… 154
　　一、制度设计 ……………………………………………… 154
　　二、政策要点 ……………………………………………… 155
　　三、政策展望 ……………………………………………… 156

第七章　人才政策评估数字化方法的实践应用 …………… 158
第一节　人才政策评估数字化方法的理念转变 …………… 158
　　一、树立循证决策理念 …………………………………… 159
　　二、注重数据价值挖掘 …………………………………… 159
　　三、关注评估技术瓶颈 …………………………………… 160
　　四、明确质量增长逻辑 …………………………………… 160
第二节　人才政策评估数字化方法的机制转变 …………… 161
　　一、明确数据采集汇聚机制 ……………………………… 161

二、优化政策收益反馈机制 ·· 162
　　三、探索多元指标整合机制 ·· 162
　　四、健全数据评级保护机制 ·· 163
第三节　人才政策评估数字化方法的关键问题 ···················· 164
　　一、强化人才信息安全与保护 ·· 164
　　二、关注数据质量与算法优化 ·· 165
　　三、完善政策评估法律和制度 ·· 165
　　四、培育专业化政策评估人才 ·· 166
第四节　人才政策评估数字化方法的未来战略 ···················· 167
　　一、强化人才战略实现的新型举国优势 ································ 167
　　二、实施更加精准有效的人才政策体系 ································ 168
　　三、打造有效的人才战略实施监测系统 ································ 168
　　四、推动政策评估制度与技术工具融合 ································ 169
　　五、研发具有中国特色的人才评价标准 ································ 169

第八章　结语 ··· 171
　　一、研究的不足与可能的贡献 ·· 171
　　二、对研究的未来展望 ·· 172

参考文献 ··· 174

第一章 绪　　论

国家发展靠人才,民族复兴靠人才。党的二十大报告强调,"实施科教兴国战略,强化现代化建设人才支撑",明确提出"教育、科技、人才是全面建设社会主义现代化国家的基础性、战略性支撑",明确强调"必须坚持科技是第一生产力、人才是第一资源、创新是第一动力",明确倡导"更加积极、更加开放、更加有效的人才政策"。同时,新的党章修订中也加入了"充分发挥人才作为第一资源的作用"的新表述与新要求,这为我们新时代新征程做好人才工作提供了科学指南和根本遵循。聚焦于"人才政策"这一人才强国战略的实施抓手,通过评估方法的创新,可以有助于新时代人才强国战略的有力推进。

一、研究背景

人才政策作为新时代人才强国战略落地的工具集,主要包括中央和地方两个层级、综合和专项两个类别、法规和文件两种形式。近年来,在人才强国战略深入实施过程中,我国中央和地方协同配合打好政策组合拳,为各地区和各主要城市实施人才引领发展战略奠定了坚实基础,我国的人才政策总体开始呈现出新的高潮,人才工作站在了一个新的历史起点上。北大法宝政策数据库数据显示,截至 2021 年 4 月底,剔除通知、决定等没有实质内容的政策文本,我国共有地方性人才政策 3 191 条[①],人才政策的数量之巨可见一斑。但与此同时,各地区、各城市的人才政策繁琐、重复、低效等问题也是困扰人才理

---

① 前瞻产业研究院.2021 年中国 31 省市人才政策对比及效益评价深度分析报告[R].2021.

论研究和实务工作的瓶颈。以上海市某中心城区为例,截至 2018 年年底,该区正在实施的人才政策包括中央政策 76 项、上海市政策 108 项、本区政策 37 项(另有 2 项拟出台政策),仅区层面的政策就包含了区府、组织部、区委办、区府办、人社、发改、财政、科委、金融办、国资委、食药监、卫健委、市场局、总工会等部门,①且不说政策客体能否及时全面了解如此繁杂的政策体系,不同条线部门的政策在实施中的冲突、低效运作也在所难免。吴江、苗月霞,杨河清、陈怡安,陈新明、萧鸣政、张睿超等的研究也认为,以往人才规划和人才政策难以取得预期的效果,与缺少绩效评估有直接关系。②③④ 因此,探索更加及时、更加精准、更加科学、更加行之有效的人才政策评估新模式和新方法,为人才强国战略落实和高水平人才高地建设的政策制定、执行和修订提供实证支持,成为当下人才工作的重点和难点之一。

从学科渊源看,公共政策评估的研究源于政策实践的需要。在李志军、张毅(2023)⑤看来,从决策咨询的角度理解公共政策评估,其起源可以追溯至古希腊时期,亚里士多德曾是马其顿国王腓力二世之子亚历山大的老师,传授治理国家的技艺;其后在 12 世纪的中国以及 18 世纪的法国等,也都有为统治者提供建议的活动或者以定量方式标记官员的功绩。但公共政策作为政策科学的一部分,可以追溯到 20 世纪 30 年代,科学管理之父泰勒将数据分析应用于管理过程的改进。从公共政策的学科来看,哈罗德·拉斯韦尔和丹尼尔·勒纳于 1951 年出版的《政策科学:近来在范畴和方法上的发展》开了政策研究的先河,并率先提出政策评估的设想。20 世纪 60 年代以来,在林登·约翰逊总统的"大社会"计划、"向相对贫困宣战"计划的实施过程中,政策评估的实践和研究开始登上历史舞台。⑥ 目前,学界对公共政策评估主要有三种视角。一是

---

① 笔者调研数据。
② 吴江,苗月霞.人才强国战略管理创新研究[J].第一资源,2009(4):22-27.
③ 杨河清,陈怡安.海外高层次人才引进政策实施效果评价——以中央"千人计划"为例[J].科技进步与对策,2013(16):107-112.
④ 陈新明,萧鸣政,张睿超.城市"抢人大战"的政策特征、效力测度及优化建议[J].中国人力资源开发,2020(5):59-69.
⑤ 李志军,张毅.公共政策评估理论演进、评析与研究展望[J].管理世界,2023(3):158-171+195+172.
⑥ 费希尔.公共政策评[M].吴爱民,等译.北京:中国人民大学出版社,2003:4.

认为公共政策评估主要是对政策方案或政策计划的评估,如丘昌泰认为,政策评估是评估一项国家计划在符合目标方面之总体影响,或者评估两个或更多计划在符合共同目标方面之相关效能。[①] 二是认为公共政策评估的着眼点应是政策效果,戴伊将其解释为,政策评估就是了解公共政策所产生的效果的过程,就是试图判断这些效果是不是所预期的效果的过程,就是判断这些效果与政策成本是否符合的过程。[②] 三是认为公共政策评估就是对政策全过程的评估,既包括对政策方案的评估,也包括对政策执行以及政策结果的评估,内格尔将其解释为一个过程,即依照政策与政策目标之间的关系,在各种备选的公共政策或政府方案中,确定一个能最大限度地达到既定政策目标方案的过程。[③] 综合来说,目前学界采用最多的是偏重于全过程的评估,即在特定的政策制度下,评估主体按照一定的评估标准和程序,对公共政策的质量和效果,以及构成政策系统的诸要素、环节和评价方法进行局部或全面分析,并获得相关信息与政策结论的过程。[④]

对于我国而言,在政策层面,人才政策评估是公共政策评估的具体应用,其需求来源于人才强国战略规划对相关人才政策"加强实施监测评估"的制度安排,以及中央人才工作会议对"共同抓好人才工作各项任务落实"的强调。在理论层面,创新并完善人才政策评估有助于深入实施新时代人才强国战略,加快建设世界重要人才中心和创新高地,同时也是进一步提升人才政策效能,为新时代的人才政策制定、执行和修订提供依据的重要举措。在实践层面,近年来,数字化转型正以不可逆转的趋势重塑着政府治理系统,也给政策评估带来了新的方法红利,本研究拟结合当下数字化转型的新趋势,以及由技术进步带来的工具方法红利,探索人才政策评估的数字化方法创新模式,以此通过提升我国人才政策的整体效能,为推动我国由人才大国向人才强国转变提供政策支撑。

---

① 丘昌泰.公共政策[M].台北:巨流图书公司,1999:167.
② 戴伊.自上而下的政策制定[M].鞠方安,吴忧,译.北京:中国人民大学出版社,2002:203.
③ 内格尔.政策研究:整合与评估[M].刘守恒,等译.长春:吉林人民出版社,1994:3.
④ 贠杰,杨诚虎.公共政策评估:理论与方法[M].北京:中国社会科学出版社,2006:24.

二、理论意义

评估是政策过程的一个关键环节,对于正确制定、执行和完善政策以及提高政策质量都发挥了重要作用。近年来,数字技术的发展给人才政策评估所带来的方法革新,不仅在一定程度上能回应并修正人才政策评估的理论争论,也有助于构建并完善新时代的人才治理理论体系。

人才政策评估的数字化方法新模式,回应并修正了人才政策评估主体与客体之间的关系争论。已有研究认为,政策评估是指政策评估人员利用科学的方法和技术,系统地收集相关信息,评估政策方案的内容、规划与执行过程以及执行结果的活动。[①] 基于以上概念界定,在传统的人才政策过程分析中,政策常被视为政策主体与政策客体两大行动者之间的互动,这也意味着人才政策的评估只需关注作为政策主体的制定者和执行者,以及作为政策客体的人才受众即可。但是,多元治理和利益相关者理论兴起以后,人才政策的"外溢效应"越来越受到关注。[②] 那就是人才政策的制定和执行既然用到了公共资源,就不能明确区分哪些是确定的政策主体,哪些是确定的政策客体,处于同一政策场域内的任何人似乎都具备参与的正当性,呼吁政策开放和公众参与似乎已经成为政策创新的一种潮流。但传统的人才政策评估方式却无法有效应对这一矛盾,这是人才政策评估主体与客体关系的一个瓶颈。与此同时,由于人才政策评估缺少相应的法定程序,政策评估主体确定的随意性大,高质量的第三方评估机构发展相对落后等因素,这些政策主体方面的短板也制约了政策主体和客体之间的有序、良性互动。人才政策评估数字化方法,在政策评估主体方面可以通过平台的开放式运作和第三方专业化支持,在政策评估客体方面可以通过数据的全样本采集和多渠道整合,从而在一定程度上回应并修正了人才政策评估主体和客体之间的关系争论。

人才政策评估的数字化方法新模式,回应并修正了人才政策评估投入与产出之间的关系争论。在已有政策评估理论中,借鉴自然科学的因果链条分

[①] 张成福,党秀云.公共管理学(第三版)[M].北京:中国人民大学出版社,2020:148.
[②] 史梦昱,沈坤荣.人才引进政策的经济增长及空间外溢效应——基于长三角城市群的研究[J].经济问题探索,2022(1):32-49.

析被认为是政策评估的基本理论假设。① 也即人才政策评估的过程事实上是要先明确政策客体过去的状态,以及在享受人才政策之后表现出的新状态,如果这种新状态与政策预期保持一致,那也就意味着政策本身是有效的。但复杂社会系统理论兴起以后,政策的复杂关系得到空前关注,政策本身的复杂因果关系以及非预期的政策后果,使得传统意义上的政策评估常被批评为看不见的"政策黑箱",政策评估的投入与产出之间成了一本说不清的"糊涂账",政策评估的科学性备受质疑。② 如在人才政策评估实践中,人才的保障房政策投入是可以衡量的,但政策产出却包含了人才本身满意度、政策经济效应、政策社会效应等多个结果,从而带来了实际的测量困难;再如人才引进政策结果是比较容易衡量的,但政策投入却受到住房、资助、发展等一系列其他政策的影响而变得难以测量。人才政策评估的数字化方法探索,可以通过在政策评估中构筑由多个数据源组成的底层数据底座,再通过开发不同人才政策应用场景,以及不同数据的交互分析,从而有助于综合衡量人才政策的投入与产出,并在一定意义上回应了人才政策评估投入与产出之间的多重因果关系争论。

  人才政策评估的数字化方法新模式,回应并修正了人才政策评估政策过程与政策调整之间的关系争论。自政策评估理论兴起以来,为了提升评估的应用绩效,理论界借鉴管理学的"全过程管理"实践,不断呼吁政策评估的全过程方法。③ 也即将政策评估应用到从政策制定到政策执行乃至于政策结果的全过程,以此做到随时监测政策、及时调整政策,全面提升政策绩效。但这一评估思路在理论上也面临着逻辑自洽的问题。以人才政策评估为例,政策评估本身也是一个过程,需要相关机构组织人员、收集数据、耗时计算,这也意味着政策评估在经历了这个过程之后会有不可避免的滞后性,而正是这种滞后性将会与全过程评估的实时调整政策产生冲突,也即人才政策调整总是滞后于人才政策的评估,更滞后于人才政策的执行。人才政策评估的数字化方法,可以通过数据的实时收集、评估的场景化设计、过程和结果的可视化显示,再

---

① 王瑞祥.政策评估的理论、模型与方法[J].预测,2003(3):6-11.
② 王建容.我国公共政策评估存在的问题及其改进[J].行政论坛,2006(2):40-43.
③ 李凤英,毕军,曲常胜,等.环境风险全过程评估与管理模式研究及应用[J].中国环境科学,2010(6):858-864.

借助于云计算的超强算力和边缘计算的敏捷反馈,从而极大地降低人才政策评估的延迟问题,并有助于我们及时监测人才政策的状态和结果,从而做到政策执行与政策调整的动态化、实时化。

三、实践价值

党的二十大报告再次强调:"深入实施人才强国战略。培养造就大批德才兼备的高素质人才,是国家和民族长远发展大计。"并在政策方面同党的十九大报告一样强调"实施更加积极、更加开放、更加有效的人才政策"的要求。人才政策评估的数字化方法新模式,有助于紧扣党的二十大精神,构建并完善新时代的人才治理理论体系。

人才政策评估的数字化方法新模式,是新时代更加积极人才政策体系建构的有益探索。公共政策的积极作用体现在利益调节的先人一步,这也要求治理体系的设计要与社会的发展规律保持一致。马克思主义也认为,生产力决定生产关系并产生了与此相对应的政治上层建筑,在人类政治文明的重大转型进程中,科技革命推动了生产力质的飞跃,也带动了治理模式的变革。聚焦于人才工作本身,人才治理体系完善的目标就是构建与当时当下经济社会发展水平相适应的一整套人才工作机制。当前,全球正在进入以数字化生产力为主要标志的全新历史阶段。数字已经成为继劳动、资本、土地、知识、技术、管理之后的第七大生产要素,甚至已经成为最重要的生产要素和战略资源。[1] 在这场轰轰烈烈的数字化变革大潮中,人才是实现民族振兴、赢得国际竞争主动的战略资源,人才政策评估的数字化方法新模式作为人才工作数字化转型的重要内容,有助于更加积极的人才政策体系建构。一方面,人才政策评估的数字化方法通过全样本、实时性的全景式分析,有助于及时、准确地发现人才治理体系中的短板和不足,并通过及时补短的形式,推动相关政府部门积极作为。另一方面,人才政策评估的数字化方法通过全过程、全主体的整体性分析,有助于推动人才工作由分工管理到协同创新,由竞争逻辑到共生逻辑的转变,并最终协同推动积极的人才政策落地。

---

[1] 蔡秀萍.数字化转型:人才发展治理现代化的新方向[J].中国人才,2021(6):48-50.

第一章　绪　　论

　　人才政策评估的数字化方法新模式,是新时代更加开放人才政策体系建构的有益探索。世界之争,归根结底是人才之争。近年来,随着我国经济社会的持续转型发展,整个国家和社会对高层次人才的需求日趋迫切,而到我国创业和发展的外籍高层次人才数量也迅速增加。特别是2008年全球金融危机爆发以后,以"千人计划"为龙头的海外高层次人才引进工作整体快速推进,在海内外引起了强烈反响,带动形成了新中国成立以来最大规模的海外人才归国潮。[①] 海外高层次人才已经逐渐成为提高我国自主创新发展的领跑者和生力军,成为我国新时代人才队伍的重要组成部分,以及现代化建设的特需人才资源。新加坡建国总理李光耀曾对中美竞争未来做出了值得深思的判断,他指出,中国是靠14亿中国人参与全球竞争,而美国是靠全球70亿人为其服务。[②] 言外之意,中国在吸引和留住海外人才方面还大有可为,否则就难以在同美国等发达国家的竞争中取胜。因此,在中国作为新兴强国崛起的进程中,实施更加开放的人才政策,要面向全球招揽人才,让全球优秀人才愿意到中国来发展、到中国来安家,让全球各地人才自身发展的梦想在社会主义现代化建设的实践中得到更加充分实现,才华得以更加充分的施展。人才政策评估的数字化方法新模式可以在两个层面上推动更加开放的人才政策体系形成。一方面,人才政策评估的数字化方法通过推动人才工作的协同,以此推动我国海外人才的资源信息库建设,将分散在各地区、各部门、各单位、各条线的海外人才信息和资源进行汇总,最终形成海外人才资源信息的共享机制和全国大网络体系;另一方面,人才政策评估的数字化方法通过不断优化政策、简化流程,可以推动海外人才来华政策的便捷投送与查询、手续的便捷申请与办理。

　　人才政策评估的数字化方法新模式,是新时代更加有效的人才政策体系建构的有益探索。进入新时代以后,随着我国社会主要矛盾的转化,通过制定更加精准、更加有效的政策,以此破解发展不平衡、不充分的矛盾成了当下政策的主要诉求。政策的精准性不仅意味着公共政策符合客观规律而具备"科

[①] 崔清新,崔静,胡浩.百川奔流终归海　同心筑梦正当时——党的十八大以来我国形成最大规模留学人才"归国潮"[N].人民日报,2017-02-23(4).
[②] 凤凰网.李光耀的思考:中国参与全球竞争靠14亿人还是70亿人[EB/OL].https://ishare.ifeng.com/c/s/7uXgLfyeIl8.

学性",而且是更加精准、细致地符合科学性要求;不仅在政策总体质量和综合效果上保证科学性,而且针对一切影响其科学性的要素精准发力,最终达到更加全面、更高层次、更佳效果的目标。在这一过程中,政策评估是检验政策制定质量、发现政策执行问题、改进政策实施效果的重要途径。通过精准的政策评估实现精准监控、精准纠偏、精准改进、精准学习,是持续增强政策精准性的重要机制。[①] 人才政策评估的数字化方法新模式能够通过促进政策的精准性以此提升政策的有效性。一是在时机上,人才政策评估的数字化方法可以通过数据的实时抓取和分析,实现评估的常态化,突破以往人才政策评估的滞后性、片面性和表面化,提升政策的有效性。二是在规程上,人才政策评估的数字化方法新模式可以通过全要素数据的抓取,数据平台作用的发挥,推动人才政策体系的程序、方式、方法创新,以此提升政策有效性。三是在立场上,人才政策评估的数字化方法新模式可以通过政府掌握数据、第三方机构具体运算执行的方式,从而实现第三方独立评估与政府监管的有机结合,并在此基础之上提升政策有效性。

四、人才政策评估的创新方向

以往的人才政策评估由于缺少更为有效的工具往往难以取得预期效果,不利于新时代人才强国战略的深入实施。在治理数字化转型的背景下,数字化工具为人才政策评估提供了新的思路和方法,并为全周期政策评估和完善人才治理体系带来了机遇。

人才政策评估的现实短板呼唤更为系统的评估模式。近年来,人才政策评估的理论与实践研究有力地推动了我国的人才政策创新,其面临的挑战也呼唤新的人才政策评估模式。具体而言,改革开放以来,我国高度重视人才工作,从中央到地方都出台了一系列人才规划和人才政策,相关实务部门和学术界也对此进行了系统研究。但总体来看,现有人才工作评估主要还面临着"主体短板、过程短板、方法短板"等问题,以及政策评估理论研究多、政策评估实

---

① 王春城.政策精准性与精准性政策——"精准时代"的一个重要公共政策走向[J].中国行政管理,2018(1):51-57.

践执行少,政策绩效评估多、政策制定和政策执行过程评估少,政策评估传统"人海战术"应用多、新的技术方法应用较少等问题。人才政策作为一项国家战略,人才作为未来国家发展的战略资源,人才政策评估应立足于国家战略发展,构建起长远目标与当下工作相结合、针对不同项目拥有不同指标体系的动态评估体系。

政策评估的目标价值升级呼唤更为实时的评估方法。从理论发展逻辑来看,更加关注多元价值和适应感知是政策评估的新进展。与政策评估发展相对应,公共政策的评估标准已经经历了三个发展阶段:第一阶段更加强调过程可行性标准,主要是指技术的可行性、政治的可行性、经济和财政的可行性及行政的可操作性。第二阶段强调结果有效性标准,主要是指政策的效果、效率、充足性、公平性、回应性和适宜性。第三阶段强调事实标准与价值标准,事实标准包括政策投入与产出之比例、目标实现之程度与范围、对社会的影响程度等;价值标准则包括是否满足大多数人利益、是否有利于社会生产力发展、是否坚持社会公正等。[①] 近年来,随着公共事务的日益复杂化,政策评估又产生了霍弗博特的决策变量理论、费希尔的政策评估逻辑模型、戈登堡的政策评估目的理论、维斯的政策评估政治倾向理论,以及埃默森的协同政策适应模型等新的理论方法。这些都是对多元价值、适应性、感知度的强调,也要求人才政策评估要更多地反映出实时感知。但从制度范式(如法律制度体系、组织机构建制和人员专业化、健全的运行管理机制)和技术范式(主要是旨在阐释公共政策实施过程中的资源投入与产出效率、以政策目标实现程度为评价标准依据的政策评估技术方法模式)两个方面理解公共政策评估是当下学界的一个趋势。[②]

数字化工具在政策评估中的应用给人才政策评估带来了新的机遇。近年来,如上海市徐汇区城运中心、黄浦区民政局等不少地方政府部门在积极探索创建工作和日常工作的无感测评,即通过大数据的实时抓取,及时有效地了解区域内政策运作的基本情况。对政策主体而言,政府在人才工作中通过对大

---

① 王晓丽.政策评估的标准、方法、主体[J].福建论坛(人文社会科学版),2008(9):137-140.
② 贠杰.公共政策评估的制度基础与基本范式[J].管理世界,2023(1):128-138.

数据的汇集、整理和分析,一方面有助于政府全面准确地获知人才政策执行情况,并作出科学决策;另一方面,以人才数字化平台建设为抓手的人才数据开放也有助于构建多元化的动态指标体系,提升政府透明度,提升互动治理的绩效。对政策利益相关者而言,数字化工具提供的理解人才群体需求和偏好的新方法,能够帮助政府更好、更准确地理解人才的政策需求、对于政策的态度等,从而可以实现政策的精准制定和精准调整。总体来说,数字化工具在人才政策评估中的应用就是通过建立更加综合、更加系统、更加多元、更加实时、更加精准的评估指标和运作机制,在不断提升人才政策效能的同时,推动人才强国战略目标的实现。

五、研究基本思路和主要观点

通过完善政策评估体系提升人才政策能级。人才作为社会主义事业发展的最关键因素,构建人才引领发展的新格局就是要进一步深化人才体制机制改革,让更多的天下英才为国所用。虽然近年来我国在国家和地方层面的人才政策实施都取得了不小成就,但不少地方的人才政策仍然存在总体效能不够、政策质量不高、体制机制障碍等问题。实施更加积极、更加开放、更加有效的人才政策,完善人才政策评估体系,不断提升人才政策的能级,成了新时代提质人才政策质量的关键抓手之一。具体而言,人才政策评估就是通过建立全流程的政策评估体系,在人才政策出台前,通过评估提升人才政策的精准性,以此全面提升人才的获得感和满意度,着力破解人才政策供给与需求不匹配的问题;在人才政策执行中,通过评估实时监测人才政策的实施过程,着力解决人才政策重复和覆盖不精准的问题;在人才政策执行后,通过评估全面了解人才政策的实施成效,明确人才政策进一步提质增效的抓手,为深入实施新时代的人才强国战略确定新的突破口。

基于数字思维突破人才政策评估的瓶颈。党的二十大报告和中央人才工作会议提出了"深入实施新时代人才强国战略,加快建设世界重要人才中心和创新高地"的战略目标,制定并执行有效的人才政策是保障中央战略顺利实施的关键。目前,我国各地的人才政策繁多,但对于政策的评估却相对滞后,十分不利于我国的人才政策实现闭环发展。出现这一问题的原因既有"投入"与

第一章 绪　论

"产出"结果难以准确测量,"政策执行"与"政策结果"因果链条难以厘清,"政策主体"与"政策客体"难以准确界定等政策评估的一般约束;也有人才政策本身与产业政策、税费政策等交织不清,人才政策见效的时间周期难以把握,人才政策公开透明度不够高等特殊约束。因此,运用数字化的大数据整合和平台化分析应用这一思维,以政策评估为抓手,构建包括政策制定前大数据分析前置评估,政策执行中大数据实时监测,政策执行后大数据汇总终期评估在内的全流程政策评估体系是本课题的研究要点。

完善以人才政策为核心的数字化转型与人才强国战略双向促进的工作思路。习近平总书记明确指出,加快数字中国建设,就是要适应我国发展新的历史方位,全面贯彻新发展理念,以信息化培育新动能,用新动能推动新发展,以新发展创造新辉煌。近年来,新冠肺炎疫情的全球大流行更是加快了整个世界的数字化转型进程。在中央的统筹部署下,我国的数字化转型已经走在了世界的前列,在数字中国的总体部署下推动我国的综合国力实现新跃升,是我国的重要战略目标。与此同时,在全球处于新产业革命的前夜,以人才为重要战略资源的新一轮全球竞争的加剧,中央人才工作会议更是将人才强国战略放在了重要位置,提出要深入实施新时代人才强国战略,全方位培养、引进、用好人才,加快建设世界重要人才中心,为 2035 年基本实现社会主义现代化提供人才支撑,为 2050 年全面建成社会主义现代化强国打好人才基础。在这一过程中,高水平人才高地建设和数字化转型是我国抢占新一轮国际竞争优势的战略举措,人才政策成为链接两大战略的支撑点和平衡点,人才政策评估的数字化方法作为人才政策制定、执行、优化的依据,其有效实施有助于推动我国高水平人才高地和数字化转型战略落地(如图 1-1 所示)。

人才政策评估的数字化方法创新是以政策评估为抓手的人才强国战略深入实施新框架。在总体架构上,面

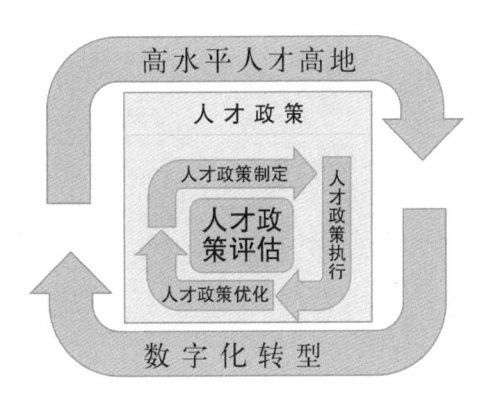

图 1-1　以人才政策评估为核心的双向促进战略

图片来源:作者自制。

11

人才政策评估的数字化方法

对技术快速变革和国际关系复杂多变的宏观环境,数字化时代的人才治理体系需要立足于党管人才的基本架构,强调管宏观、管政策、管协调、管服务,与此同时也要直面人才群体数量更庞大、类型更复杂,实施综合协调和服务的难度更高的挑战,通过树立数字化思维,运用数字化技术,主动顺应数字时代发展大趋势,明确和紧扣人才工作数字化转型中数据和平台这两个基础和前提要素,在关键节点和领域着重用力,力求实现突破。在技术手段上,要基于数字赋能这一基本思路,树立科学的人才数据观,明确丰富和准确的数据是人才工作数字化转型的基础、资源和动力,是支撑数字政府目标系统、资源系统和动力系统运转的基本动力,同时还是人才政策评估的关键素材。因此,以人才政策评估为核心的治理体系完善要借助于技术手段收集并整合与人才相关的政策、产业、服务等大数据,以此为人才工作的数字化转型提供资源和工具,有效提高人才工作主体的信息能力。在工作抓手上,要抓住场景应用和界面嵌套整合这两个关键点,明确互联互通的平台建设是人才工作数字化转型的抓手和载体,拥有"庞大"的数据资源和"充分"的信息渠道并不代表人才工作取得满意结果,缺乏有效的平台和机制,再多的数据也将是"一潭死水",以人才政策评估为抓手的人才工作数字化转型应着力搭建统一、共享、多元参与的开放式数据平台,强化制度机制创新,最大化促进"数据流动",实现"数据增值"。

第二章　公共政策评估的理论发展

政策评估是提高公共政策质量、改善政府管理水平、推进政府行政改革的重要手段。自 20 世纪 50 年代政策评估的理论和实践兴起之后，政策评估即是通过依据一定标准和特定程序，对政策实施过程中的价值因素与事实因素进行分析，从而判断政策现状、预测政策未来走向，以此为调整和修订政策提供依据。进入 21 世纪以来，公共政策评估领域呈现出前所未有的繁盛局面：更大范围的学科加入公共政策评估领域形成扩张的态势，更多的交叉领域政策评估和从业人员的知识交换。[1] 人才政策作为公共政策的一个类别，其理论演进遵循了政策评估的一般规律。

第一节　公共政策评估的基本要素

政策评估通常是指政策评估人员通过科学的方法与技术，系统地收集相关资料，进而评估政策的内容、执行过程及执行结果的活动。经过近七十余年的实践，政策评估在理论研究和标准确定上已经形成了一整套较为完整的理论体系。一方面，政策评估可以为政府及社会提供政策绩效的佐证，以此重新检视政策的目标及方案，进而谋求政策改进之道；另一方面，政策评估可以作为形成政策问题或建议的支撑，为推动政策的改进和改善提供了依据。

---

[1] Thomas V G, Campbell P B. Evaluation in Today's World[M]. Los Angeles: SAGE, 2021.

人才政策评估的数字化方法

一、政策评估的定义

政策评估是指系统运用社会研究程序,以评估公共政策的概念、设计、执行与效果。从政府过程来看,政策评估是政策制定的延续。从管理学角度来看,政策评估是政府公共管理过程中的一个重要环节,是评价政策运作的经济、效率和效益的一种管理手段。从政治学角度来看,政策评估是评判政策制定和执行过程体现政治性的重要工具,它能确保政策运行体现特定的政治性和阶级性。[1]

在国内,学者主要从目标达成和程序过程两个维度对公共政策评估进行了探讨。一部分学者认为,政策评估的实质是关注目标是否达成。陈振明认为,公共政策评估是依据一定标准和程序,对其可能产生的经济效益、社会价值进行分析研究,其目标是获得一些可靠的信息资料,作为决定决策变化、政策改进和制定新政策的依据。[2] 谢明、张书连认为,政策评估的焦点是政策影响,其影响可能比较平稳,也可能比较激烈,还可能会产生不同程度的震动或特斯拉效应。[3] 陈潭认为,公共政策是指政府在对社会的公共管理过程中,出台的一系列准则用于指导和规范社会行为,以便有效地管理社会事务的政策。由于公共政策的政治性和公共性的特点,其效益、效率、效果和价值需要通过科学的评估来展现。[4] 曾爱玲认为,作为公共政策制定和实施的重要一环,公共政策评估的具体结果关系到政策是否有效以及是否符合社会发展规律和要求,是否能够有效提高公共政策的科学性和合理性,使公共政策发挥出更大效用,也是评价公共政策是否科学合理的重要途径。[5]

另一部分学者认为,政策评估要关注过程和程序。张金马认为,公共政策评估指的是评估主体参考相关标准流程,对政策的效果、效能及价值进行检测、评价和判断。[6] 贠杰认为,公共政策评估是在一定的政策制度中,相关人员

---

[1] 董幼鸿.我国地方政府政策评估制度化建设研究[D].上海:华东师范大学,2008.
[2] 陈振明.公共政策分析[M].北京:中国人民大学出版社,2003.
[3] 谢明,张书连.试论政策评估的焦点及其标准[J].北京行政学院学报,2015(3):75-80.
[4] 陈潭.公共政策案例分析[M].北京:社会科学文献出版社,2008:6.
[5] 曾爱玲.国内外对公共政策评估的研究综述[J].法制与社会,2012(12):131-132.
[6] 张金马.公共政策:学科定位和概念分析[J].北京行政学院学报,2000(1):7-9.

参考评估标准,对公共政策的整体质量、实施效果、影响因素、细节内容实施系统全面的分析预测,最终得到真实有效的信息内容与政策结论过程。[①] 袁振国认为,公共政策评估作为政策实施后的效果判断环节,是通过制定科学有效的评估标准对公共政策的经济效益、社会效益以及实施效果进行评价分析的活动流程。[②]

在国外,政策评估以问题为导向,更加关注政策的反馈。哈罗德·拉斯维尔在《决策过程：功能分析的七种类别》一文中,最先给政策评估以相近定义,他认为公共政策评估的实质是对公共政策的因果关系做事实上的陈述。查尔斯·琼斯在《公共政策研究导论》一书中提出,政策评估就是政府等有关机关对政策执行情况通过量化和分析来检验政策执行效果,及时反馈相关信息、确认政策的价值、找出政策存在的问题,为决定政策走向提供参考。布莱恩·霍格伍德和刘易斯·冈恩在合著的《现实世界的政策分析》一书中指出,政策过程存在应然状态和实然状态,即回答了政策应该怎样制定和制定了怎样的政策的问题。德国学者沃尔曼指出,政策评估就是一种分析工具,首要任务就是为评价政策绩效提供一系列相关信息,政策评估又是政策循环中一个重要的阶段,需要将相关政策评估信息回馈给政策制定者。托马斯·戴伊认为,政策评估不同于政策分析,它不涉及政策内容的描述,也不涉及政策原因的解释,而只是对政策结果及其影响的探究。

从已有研究来看,公共政策评估主要包含四个基本要素：一是以价值为焦点,公共政策评估的起点是质疑政策目标的妥当性和适当性,其目标是说明公共政策对经济社会发展的贡献；二是价值与事实相互依赖,政策评估关于价值的判断必须以事实的资料为基础,同时兼顾多样价值取向；三是关注政策延续性,政策评估不仅要关注公共政策的当前状况,还要以时间轴为主线,关注政策是否按照原计划达到预定目标；四是价值的多维性,公共政策没有最优解,只有相对满意解,这也意味着政策的评估要兼顾不同主体的价值取向,关注他们的满意度。

---

① 贠杰.中国地方政府绩效评估：研究与应用[J].政治学研究,2015(6)：76-86.
② 袁振国.中国教育政策评论[C].北京：教育科学出版社,2000：4.

二、政策评估的标准

标准是评估的基础,公共政策评估的标准是衡量政策结果的特殊规则与指标,具体包括政策产出与政策影响两个方面。前者是指由政策直接或间接导致的有形、无形产品或资源;后者则指由政策导致的预期或非预期的改变。对于不同的公共政策,其具体的评估标准与指标虽不尽相同,但张成福和党秀云认为,一般的政策评估会遵循以下六条标准。[①]

一是效能。效能是指某项政策达成预期结果或影响的程度,也就是将实际达成的程度与原定的预期水准相比较,以了解政策是否产生所期望的结果或影响。一般认为,效能所涉及的含义并非是指政策能否按原计划执行,而是指政策执行后是否对环境产生期望的结果或影响。

二是效率。效率是指政策产出与所使用成本间的关系,通常以每单位成本所产生的价值最大化或每单位产品所需成本的最小化为评估基础。效率可分成技术性效率与经济性效率两类。前者是指以最小努力或成本完成某项活动或生产某种产品,亦即在成本受限制的情况下,寻求政策期望影响的最大化。后者则是指政策整体成本与整体利益间的关系,包括间接成本与所有的影响在内,亦即着重于对资源做分配及使用,并使人民因此所获得的满足最大。

三是充分。充分是指政策目标达成后消除问题的程度。虽然有的时候政策目标的设定,是为了消除整个问题,但由于各种因素的限制,政策执行后,目标常被缩小成一小部分或是只能部分解决问题。这样,政策并未能充分地解决问题或满足公众的需求,因此,政策充分执行的标准可以衡量政策产生期望影响的程度。

四是公正。公正是指政策执行后导致与该政策有关的社会资源、利益及成本公正分配的程度。一项公正的政策乃是一项努力公正合理分配的政策,某一项政策也许符合效能、效率、充分的评估标准,但若因它造成或引起不公

[①] 张成福,党秀云.公共管理学(第三版)[M].北京:中国人民大学出版社,2020:149-150.

正的成本或利益分配,也不能算是成功的政策。①

五是适当。适当是指政策目标的价值如何、对社会是否合适以及这些目标所依据的假设的妥当性如何。如果政策目标不恰当,则即使政策执行结果能达到效能、效率、充分、公正及回应性的标准要求,仍然会被视为失败的政策,所以,适当性标准应优先于其他标准。

六是回应。回应是指政策执行结果满足标的团体的需求、偏好或价值的程度。回应性标准十分重要,因为某一项政策也许符合其他所有的标准,但因未能回应受此政策影响的标的团体的需求,故仍可能被评估为失败的政策。

综合来说,公共政策评估的目标是为了改进政策,推动政策效能提升,选择适宜的评估方式,评估过程和结果有回应是政策评估标准的关键。由于公共政策的利益主体多元性等特征,如何在不同的主体之间有效分配资源就成了政策评估的关键,公平和公正也就成了公共政策评估标准争议的焦点。

三、政策评估的程序

公共政策的评估程序就是相关评估主体有计划、有步骤地对评估客体进行测量和评价的一系列活动。一般情况下,公共政策的评估程序包括规划设计、规划实施以及评估终结三个阶段。

(一)评估设计

评估的规划设计是公共政策评估的准备阶段,其主要包括四个方面的内容,即确定评估对象、分析评估对象、设计评估方案和建立评估组织制度。

1. 确定评估对象

首先,必须说明的是,由于公共政策的多样性和复杂性,不是任何政策在任何时候都适合而且有必要进行评估,评估必须是对具有"可评估性"的政策进行评估。对此,贠杰、杨诚虎提出从有效性、必要性与可行性相结合的原则来确定政策可评估性。即评估对象有价值且能通过评估达到一定的目的;

---

① 陈振明.公共政策分析[M].北京:中国人民大学出版社,2003.

评估对象从评估的时机、人力物力、财力等条件能够满足评估的需要。①

其次,政策评估是贯穿政策全过程的行动,但具体到某一项政策,到底是进行全方位的评估,还是有选择地进行评估,就需要根据公共政策的特点以及评估的可行性综合考量。如消除贫困或遏止犯罪等类型的公共政策,通过结果评估来决定其是否继续实施显然是不适宜的,因为这些政策的制定和实施关乎人类良善;还有就是具有滞后性的政策同样不适宜很快进行评估,如对当年教育投入效果的评估,对当年市民素质提升投入的评估等。

2. 分析评估对象

首先,政策评估需要分析政策原本所要解决的公共问题是什么,以及政策所要达到的目标是什么。其主要内容包括以下几个方面:该问题是公共问题吗?这个问题是如何进入政策议程的呢?政策目标是什么,政策目标是否明确,有没有主要目标和次要目标之分,有没有直接目标和间接目标之分。

其次,分析政策评估的利益相关者。政策评估需要摸清与政策运行有直接或间接关联的主体,以及他们对政策全过程的态度。一般情况下,政策的利益相关者包括三类:第一是参与政策制定或执行的人员或组织;第二是与被评估的政策有直接或间接利益关系的主体;第三是与政策利益没有直接或间接利益关系但对该政策表示强烈关注的主体,如政策理论研究的组织或个人。

再次,分析公共政策的全过程。就是要分析政策从制定到终结的整个过程情况。主要涉及的问题包括:政策制定的倡议者是谁,决策的参与者是谁,政策利益相关者是谁,促使政策形成的人是谁,政策的决策者、执行者、监督者是谁等。

最后,分析公共政策的工具和保障性政策。明确为了实现政策目标,政策执行者所采用的具体途径、方法和手段;弄清公共政策执行过程的保障支撑制度,具体包括政策制定制度、执行制度、监控制度和评估制度安排等。

3. 设计评估方案

评估方案是指导评估工作的指南,是政策评估实施的依据。评估方案的

---

① 负杰,杨诚虎.公共政策评估:理论与方法[M].北京:中国社会科学出版社,2006:83-84.

设计是否科学、合理,直接关系到政策评估的质量以及评估工作的成败。一般情况下,一套完整且系统的评估方案设计主要包括:明确评估对象和主体,明确评估目的和目标,明确评估标准和方法,明确评估程序和制度等。

4. 建立评估制度

政策评估离不开资源和制度的支持,这既包括人、物、财等评估资源的配备和相应组织结构的建立,还包括评估的组织制度、程序制度、监控制度、激励制度等制度机制的完善。一般而言,由法定机构或者权威部门牵头或负责的政策评估,在执行过程中会更加有效且具有权威性。

(二) 评估实施

评估规划实施是政策评估主体实施执行评估方案的过程,虽然具体的方式方法或阶段划分不同,但总体上包含了数据收集和数据分析两个阶段。

第一阶段是政策数据的收集。数据收集是政策评估的基础,政策数据主要包括政策系统、政策过程、政策影响和政策效果等方面的数据。总体而言,政策数据主要包含两种类型:一是主观数据,如政策客体对于政策执行的感受度、满意度等主观感受信息;二是客观数据,如政策执行后对利益相关者产生的影响等。数据的获取主要包括三种方式,即社会调查收集而来的一手数据,各类政策文献得来的二手资料,大数据方法汇集而来的全样本数据。一般情况下,访谈法、观察法、大数据抓取法、调查法、个案法、文献研究法、统计分析法、准实验法等是常用的数据活动方法。

第二阶段是政策的评估分析。在数据收集的基础之上,对相关的数据进行分析是政策评估的核心任务,而其中的关键则是建立起相应的逻辑关系,尤其是因果关系。不管是应用何种方法,政策分析都要解决一个关键问题,即政策目标的量化与具体化、政策结果的量化与具体化,以及在两者之间建立起对应关系。只有这样,才能知道公共政策的执行效果如何,才能得出政策执行情况的结论,并在此基础之上总结相关经验、发现相关规律、制定相关进一步的政策。政策结果数据无法反馈政策目标,或者两者之间逻辑关系不对应是政策评估分析要特别注意的问题。

(三) 评估终结

评估终结主要是撰写评估报告、处理评估结果、给出评估建议的过程。由于公共政策具有目标多重性、利益主体多元性、政策效果不稳定性等特征，这就要求政策评估主体要与政策的执行主体、政策客体有充分的沟通和交流，以发挥公共政策评估"诊断、监督、反馈、完善和开发"等作用，并使得评估结果更加可信、有效和可接受。更为重要的是，政策评估在实质上存在不同的价值判断，这也意味着政策评估的主体不应将自己的主观价值强加给政策的利益相关者，而应该采用更为开放的态度综合评价公共政策的执行。

政策评估报告的撰写宜细不宜粗，在同政策执行主体、客体沟通的前提下，要将政策评估中发现的具体问题指出来，并对政策的实际效果做出客观的陈述。对于政策是否继续执行，以及相应的修改建议，要给出可以令人信服的理由，并给出具体可行的方案。

第二节　公共政策评估的理论模型

公共政策评估是一门典型的交叉学科，在多学科背景下，公共政策评估是由最初的价值评估发展而来的技术评估，而后再发展成了系统性综合评估。在政策评估实践的具体应用过程中，理论界逐渐形成了专业全面的政策评估理论。如基于对政策评估问题的分析，在国外，韦唐(Vedung,1997)从政策效果、经济性和专业性三个维度出发，提出了包含目标获取模型、侧面影响模型、无目标评估模型、综合评估模型、用户导向模型、利益相关者模型、政策委员会模型、生产率模型、成本—效果模型和成本—收益模型等十种模型在内的政策评估模型。在国内，王瑞祥(2003)从目标和需求的视角，梳理了政策评估的重要模型，包括：目标达成模型，就是将政策目标作为评估时所持的唯一标准；侧面影响模型，在目标领域之内、目标领域之外的变化情况；综合评估模型，将政策的前期准备(投入)、落实(转化)、取得成果三个阶段都纳入评估范围的模型。

一、目标达成模型

公共政策是为解决特定公共问题而制定和执行的定向利益调整方案，因此,政策目标是公共政策关注的重点。公共政策评估的目标达成模型是检验结果与政策目标是否一致,结果是不是由公共政策造成的一种方法。目标达成模型是将政策目标作为评估判断的唯一标准,是公共政策评估中最直接、最简单、最明了,也是最典型的模型。在理论层面,目标达成模型政策评估过程包括两个方面:一是政策或计划是否在目标领域内取得了预期的结果,二是所观察到的结果是否是该政策作用的产物。

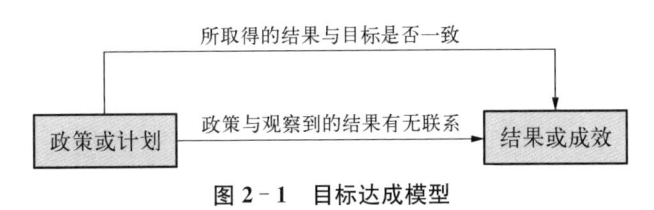

图 2-1 目标达成模型

图片参考:王建冬,童楠楠,易成岐.大数据时代公共政策评估的变革[M].北京:社会科学文献出版社,2019.

目标达成模式是政策评估中的最常用模型,也是最直接、最易观察的模型,目标达成模型的政策评估实践主要由三个部分组成:第一,基于公共政策制定的总体背景,找出公共政策的预期目标,明确政策的实际含义并将其转换为可以观察且可以测量的标准;第二,通过多种测量方法,对公共政策的各项目标指标进行观察和测量,测定各种目标实际取得值;第三,综合判断所观察到的结果与公共政策的实施是否有联系,并评定目标的实现程度。

目标达成模型关注政策或计划的设定与政策结果的变化情况,通过政策目标的实现程度来判断政策执行结果,其评估标准相对比较客观。目标达成模型评估方式避免了以个人主观标准去评判项目的优劣,因而应用范围非常广泛,且在政策项目的评估中应用较多,因为政策项目的目标更容易明确,且结果也更容易观察。但目标达成模型也有一定的缺陷,尤其是在涉及模糊政策目标的时候,多个政策目标之间难以遴选出主要目标,且一项公共政策实施后也可能会产生很多非预期性的结果,由此导致目标达成模型难以判断。因此,目标达成模型也被不少学者批评将问题简单化。

二、侧面影响模型

公共政策的主体多元性,以及政策环境的复杂性特征决定了公共政策的制定、执行和最终实施之后会对经济社会产生综合性的影响,而在公共政策评估中,如果仅仅评估政策结果,则势必会造成不准确甚至是失之偏颇的问题出现。因此,通过间接方式,结合侧面影响评估公共政策成了一种替代方案。公共政策评估的侧面影响模型主要关注一项政策实施后将会在目标领域内、目标领域外出现许多预料不到的或不希望出现的结果,这类结果对于决策者制定新的政策或计划可能更为重要。政府行为的外部效应比较强,政策评估者如果要客观、全面地评估一项政策,就要同时考虑它在整个社会范围内带来的其他影响。

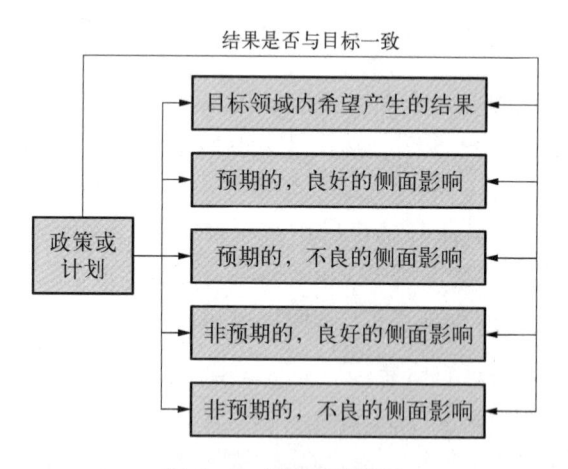

图 2-2 侧面影响模型

图片参考:王建冬,童楠楠,易成岐.大数据时代公共政策评估的变革[M].北京:社会科学文献出版社,2019.

公共政策的侧面评估模型更加关注于公共政策的产出,并在此基础上对照政策或计划,进而判断公共政策的目标是否实现。一般而言,公共政策的侧面影响模型主要分为三个部分:第一,确定政策或者计划的总体目标和分目标,明确公共政策具体要达成的效果;第二,对公共政策的结果进行测量,不仅要测量政策目标领域内所产生的结果,同时也要测量预期的和非预期的良好或不良侧面影响,以确定公共政策的总体成效;第三,将所有的政策目标与政策或计划进行对比分析,综合判断公共政策实施所产生的政策内和政策外影响,并最终确定公共政策的实施成效。

侧面影响模型强调的是政策影响的整体性评估,但在实际操作中,以什么标准来判断公共政策的实际效果,是侧面影响模型面临的最大挑战。理想状态下,政策评估者可以用政策预期的主要效果价值与各种侧面影响价值进行平衡,但如何明确主要效果、各类侧面影响的价值大小判定标准也是公共政策评估中面临的实际难题。此外,并不是所有的"侧面影响"都可以做出评估结论,在实际操作中,政策评估者经常采取的策略就是,能够评价的就给予评价(如目标领域内取得的结果);不能评价的那些"侧面影响"列举出来,留给决策者(或其他用户)自行评价。

三、综合评估模型

公共政策研究认为,与其将公共政策看成一种结果,更应该将其看成一个过程,为了确保公共政策能够准确反映公共政策的目标,政策评估应该基于全流程的思维,建立起公共政策的综合评估模型。具体来说,政策议程如同产品生产的过程,主要包括前期准备、制定执行、取得成果等不同阶段。评价一项政策的成败和绩效,需要将整个政策全过程都纳入评估范围,这就是综合评估模型。在评估过程中,综合评估模型强调对政策的"投入""转化""产出"三个阶段都需要进行"描述"与"判断",需要"描述"的内容是:政策各阶段的目标和现实情况;而"判断"是指根据"描述"内容与评估标准的比较情况得出相应的评估结论。

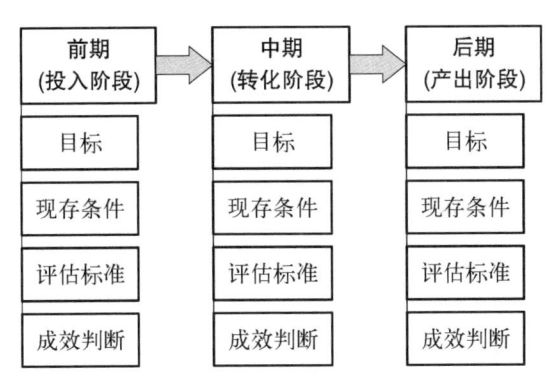

图 2-3 综合评估模型

图片来源:作者自制。

西方民主理论认为，公民的民主权利反映在具体的参与和投票之中，参与式民主和参与式评估也成了近年来政策评估的新追求。公共政策评估的综合模型也正是在这一背景下确立的政策评估新方法。综合评估模型的优势在于将政策的制定和执行过程都纳入评估范畴，使评估结论能够更好地反映决策民主化程度，而政策执行程序是否公开、公平、公正，也能在一定程度上解释政策实施后产生的负外部效应。综合来说，包含政策制定评估、执行评估、结果评估的综合评估模型更符合当下我国全过程民主理论的参与式民主要求，因而也越来越多地被采用。

公共政策的综合评估方法关注政策的全生命周期过程。在具体实践中，综合评估方法包含了三个阶段。第一，政策前期评估，这一时期关注的主要内容是制定了什么样的目标、希望产生什么样的结果，以及公共政策实施当下的条件和资料，并通过将目标与现有问题和资源的比较，确定政策目标的可行性。第二，政策中期评估，这一时期关注的主要内容是公共政策所制定的政策或计划的主要内容，以及政策或计划的实际落实情况，公共政策执行中的问题变化情况、政策主体工作情况、政策资源变化情况，这些事关政策执行的指标是这一时期关注的重点。第三，政策后期评估，这一时期的主要内容是观察政策、计划产生的预期结果，并通过社会经济指标和满意度指标相结合的形式，将由政策直接或间接产生的结果同政策目标进行对比，最终综合产出评价公共政策的最终绩效。

第三节　公共政策评估的演进趋势

公共政策评估属于交叉学科，它是用管理学、政治学、经济学、数学等学科的理论和方法作为基础建立起来的。如从公共政策学角度看，政策评估是公共政策分析的重要阶段，多学科交叉的特征，使得公共政策评估理论经历了价值评估、技术评估再到系统性综合评估等主要阶段，系统化、专业化的政策评估理论随着评估实践的深化逐步形成。综合来说，公共政策评估到目前为止已经历了四个阶段。第一阶段是关注效率的政策评估，强调的是政策实施的效率和行政目标的实现程度；第二阶段是实用取向的政策评估，关注的是评估结果的价值和实用性分析;第三阶段是批判的政策评估,关注的是政策价值取向即政策所体现的社会公平、公正问题;第四阶段是建构主义取向的政策评估,关注的是政策评估过程中的多方需求、多元互动。①

一、关注效果的第一代政策评估

以"测量"为标志的第一代评估是公共政策评估的最初实践,强调的主要是政策预定目标的完成程度、政策的非预期影响以及政策实施的效率。20世纪30年代出现的经济危机,让西方不少国家的社会经济发展陷入崩溃边缘,由此迫使西方主要国家不得不改变自由放任的经济政策,转而更加积极主动地通过政策手段干预经济。政府职责的扩大和管理事务的增加使政府开始注重公共政策实施后的实际效果,公共政策的评估也就应运而生。

第一代评估主要是借助于技术性测量工具,认为"政策评估即实验室实验",因此将评估的重点放在了技术性测量工具的提供之上,以追求对政策影响的精确测量。如美国针对罗斯福新政进行评估的代表人物史蒂芬,就主张用政策实施前与实施后对比的实验方法来进行评估,该方法虽然受到推崇,但由于实验室条件与现实环境的差距,实验室结果的现实可行性较差,评估结论受到了广泛的质疑和指责,因此评估技术不得不向实地实验转变,并在此基础上更加注重对政策效果的客观描述,尽量避免受到主观因素的影响。

在第一代评估阶段,政策结果多作为政府行政效率的附属品存在,人们普遍认为效率越高,政策结果的实现程度和公民满意度就越高,但这种认知忽略了政策结果和政策的有效性问题。美国学者托马斯·戴伊认识到了这一阶段政策评估取向存在的不足,他以美国的政治体制为分析基础来研究政策评估,指出政策效果并不是政策由法律通过后,通过投入人力、物力、财力实施就可以实现的。戴伊提出"政策效用"的概念,认为政策评估是为了去了解公共政策各种效果,政策输出与政策效用不同。

第一代评估产生于西方国家从传统资本主义社会向现代资本主义社会过

---

① 邓剑伟,樊晓娇.国外政策评估研究的发展历程和新进展:理论与实践[J].云南行政学院学报,2013(2):34-39.

渡的时期,政策实施的效率和政策目标实现程度是这一时期公共政策评估理论关注的焦点。主要方法则是运用精密的测量工具,基于严格控制的实验室实验方法,通过公共政策评估以处理社会经济发展过程中的各种矛盾,以此体现出特定时期社会发展的内在需求。在这一时期,评估者起着技术人员的角色,其主要任务是合理运用测量工具,通过实验计算得出量化的评估结论。在早期,实践者有评估的意识,但科学的评估实践却较少。

二、关注实用的第二代政策评估

以描述为标志的第二阶段是政策评估的进一步发展。第二代评估理论认为,"政策评估即实地评估",强调实地调查的重要性。在这一过程中,除了仍然保留有技术测量的特征外,重点突出了描述的功能,评估的角色越来越向描述功能转移。此时,测量不再等同于评估,而变成了评估的一种工具。

关注结果的实用性是这一时期政策评估的主要特点。20世纪60年代,肯尼迪政府为了解决美国社会长期存在的社会矛盾,在"伟大的社会"口号下出现了许多政府项目,促进了政策评估的快速发展。但在实践中,政府虽然在评估方面投入了许多人力、物力、财力,但评估结果在政策过程中的利用率并不高,20世纪70年代政策评价危机出现,政策评估结果的应用开始受到关注。这一时期,政策评估被认为是查明政策执行实际上带来多少预期结果的过程,其目的是要全面地检验公共政策有没有起到实际作用,并指导政策执行者达到所期望的那些效果。

第二代公共政策评估与第一代相比更加关注于评估结果的应用讨论。如这一时期,帕勒姆鲍和纳茨米亚斯的"理想的政策评价理论"、帕顿的"以利用为中心的评价理论"等都探讨了评估的目的,他们认为,政策评估取得预期效果的理想范式是通过关于政策效果的评价来改进政策。评估不应该是一个单一的指标描述,而应该是政策评估对象目前情况的一个剖析图,评估过程本身就是让公共政策的利益相关者了解公共政策的成效。但是,第二代评估过分关注实际事务的客观描述,过分强调评估工作的价值中立,而评估活动自然会包含评估主体的价值偏好。

在这一时期,西方国家普遍进入较为成熟的工业化社会,民众对政府社会政策的总体期望由能够解决社会问题变成了更好地解决社会问题。这一时期的公共政策评估理论更加关注评估结果的价值和实用性分析,即是在政策实施的特定现实环境里,对已经执行实施的政策方案,按照预期特定目标,对其政策实施效果的优劣进行客观性描述。这一时期的政策评估者更多的是一个描述者,其任务是完整且客观地陈述公共政策的实际运用结果。

三、关注批判的第三代政策评估

以批判为标志的第三代评估关注的是政策价值取向所体现的公平公正问题。第三代评估认为"政策评估即社会实验",强调公共政策评估不仅要把科学的实验方法与实地调查方法相结合,还应该体现出对政策目标价值结构的判断,社会的公平性和正义性成为重点。

关注价值判断的公共政策评估契合了20世纪70年代起新公共服务理论的兴起热潮。因为当一个行动会影响到社会中两个或两个以上的人时,"公平分配"就成为决策者必须面对的问题。以往的政策评估过分关注政策效率,而忽略了公共政策的目标是实现社会利益的最大化。20世纪70年代,以罗尔斯的《正义论》为标志,学术界开始了对政策目标合理性、正当性的深入探讨。如美国学者巴利和雷斯指出,讲究效率而不重视政治原则,其评价的结果很可能因此迷失政治方向,而迷失政治方向的后果将是灾难性的。从罗尔斯的观点出发,公正性在政策评估中的重要性毋庸置疑,在公正的前提下再去衡量效率和效能。

政策评估从一开始就存在价值判断和技术判断两个层面。在实践中,政策评估往往更多地关注于事实层面的技术分析,并主张应用实证技术方法来测定政策目标与政策效果之间的对应关系。在这一理念下,政策评估主要侧重于效率、效能这类问题的测量,并且更多地依赖于量化分析的方法,从而忽视了政策本身的价值评判和道德考量。这也意味着,公共政策的评估不仅要关注技术判断,还要关注价值判断,并以提升满意度为标准,推动公共政策的制定和执行更加关注政策对象的需求。

在第三代评估时期,随着信息技术在日常生活中的普及,信息的覆盖度和到达度都有了明显提高,同时由于经济发展速度的放缓,西方社会由更加关注发展效率转而更加强调社会公平。这一时期的公共政策评估将公平性作为重点评估对象,试图通过自然环境下的社会实验方法和量化过程,以找出政策意图和成效之间的关系。在政府运作中,公共政策评估成为判断政府公共政策本身成败、分析讨论政策社会公平性的工具,以此为决策者提供理论依据。

四、关注回应的第四代政策评估

以回应为标志的第四代评估是政策评估的最新发展。回应型政策评估认为,"政策评估与政策制定紧密相关",政策评估的焦点不再是目标、决定与结果,而是诉求、利益和冲突,并涉及了众多的利益相关者。第四代评估的一个重要理念是价值多元主义,强调政策评估者与利益相关者的互动,重视利益相关者的诉求及其回应性表达,并通过协商达成共识。

关注利益相关者的态度是第四代政策评估的新变化。第四代评估更加关注政策利益相关者对政策的看法和态度,更加突出对政策利益相关者诉求、关切与疑问的回应,综合了对政策效率、政策公正性的共同关注,以及多种评估技术和方法运用的综合性评估。回应性评估代表人物有古巴和林肯,他们提出的"第四代评估"理论认为,以前的评估理论都缺乏对政策价值、目标、内容、过程、方法的深刻思考。这种只关注数据的线性关系,实际上是对真实世界中的不易测量的过度简化,且过于强调评估描述与判断功能,越发不能满足复杂、多元社会问题的解决需要。

以回应为主要特征的第四代评估更加关注于政策评估过程的主体参与。回应性评估重视非正式的评估取向、强调多元化价值观、重视政策利益相关者的关切等特征,意味着政策评估应更加注重民主性、正当性、公正性以及群体性,重视利益相关者的诉求、意愿、争议和冲突,在这一过程中,公共政策的方案产生了从多元认识到共同认识的转变,转变的过程就是批判性评估的过程。从 20 世纪末开始,政策评估成为全球关注和研究的焦点之一,公共政策评估活动受到了政府、社会和公众的广泛重视。

进入第四代评估以后,人们更加认识到公共政策在社会发展中应发挥的平衡与协调作用。这一时期的研究者和实践者认为,公共政策评估应更加关注政策评估过程中的多方需求与互动,并且要兼顾政策效率和公平。反馈到具体的执行中即是,在政策过程中要采用协商、谈判的方式,综合分析政治、文化和经济利益等各种因素,对利益相关者的实际需求给予高度重视,并将评估人员与政策利益者的沟通关系作为工作的重点。这一阶段,公共政策评估更多地采用定性和定量评估方法,且更加重视对政策意图把握。

第四节 公共政策评估的最新探索

近些年来,公共政策评估研究的一个重要趋势是循证决策和"实证导向"越来越被研究者和实践者所重视。为了获得更接近真实的情况、更大的影响力、更好的适用性,研究者开发了S-CAD评估方法、准试验评估方法、试验评估方法等。

一、S-CAD政策评估方法

S-CAD方法由加拿大女王大学梁鹤年教授提出,是一个分析政策利弊和成败的方法,既可用于实施前的政策规划,也可用于实施后的政策评估。所谓"S-CAD"是指"Subjectivity, Consistency, Adequacy, Dependency",即政策的"目的性、稳定性、充分性、可行性"。该方法构建了结构化、定量化分析政策的模式与路径,以科学方法找到政策关键环节、关键内容、关键关系。

S-CAD方法认为,公共政策是一系列的决定和行动以达到特定的目标,主要包括目标、手段和结果三个部分,在政策制定或实施的过程中,不同政策参与者在不同时间节点的观点是不同的,但他们都希望政策能同自己的观点相一致。S-CAD的起点是根据评估需求,选择任何一个利益方作为"主导观点",其余利益方作为"相关观点"。作为分析概念,"主导"和"相关"没有高低好坏之别,任何一个利益方都可被设为主导观点。[①] 关键是,形成"先"主导观点(自存)、"后"相关观点(共存)的评估逻辑,构建起多元利益观点与政策有效

---

① 梁鹤年,等.以人为本规划的思维范式和价值取向——国土空间规划方法导论[M].北京:商务印书馆,2019.

性之间可追溯的联系,这是明确自存利益和共存利益的前提。[①]

S-CAD方法将政策分解为几个部分,从而对各个部分政策的有效性、效率和实用性进行分析,该方法可用于几乎所有领域的政策评估,目前已在国内学界得到推广。如图2-4所示,梁鹤年在《政策规划与评估方法》一书中给出了政策制定与评估的S-CAD框架。S-CAD评估方法实施的要点是"主导观点"及"相关观点"的识别,因为不同的观点代表着不同的价值、权利、物力、信息和时限。价值影响对事物的看法,策略的选择,人与人、组织与组织之间的交往和对成败的衡量。任何一个参与者在分析政策时持有的观点称为主导观点,从"主导观点"的角度来看,所有其他参与者的观点都称为相关观点。

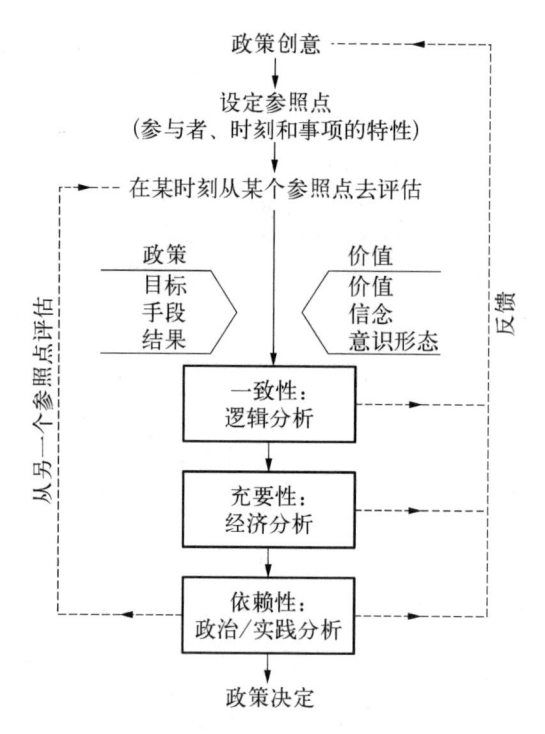

图2-4 S-CAD政策评估方法逻辑

图片来源:梁鹤年.政策规划与评估方法[M].丁进锋,译.北京:中国人民大学出版社,2009.

① 李媛,王志锋,赵守谅,等.以人为本的规划评估——基于"城市人"理论人本逻辑下的S-CAD方法及应用[J].城市规划,2022(12):35-44.

S-CAD方法有如下要素:(1)政策是为了达到某种期望的状态而设计的一系列决定和行动。政策包括目标、手段和预期的结果。(2)在政策制定中,价值被演绎在政策上,政策与价值挂钩。在政策制定中,不同的参与者有着不同的价值和政策选择。(3)政策的制定就是不同参与者建立和调解他们的价值/政策关系。(4)政策规划与评估的第一步是设立参考框架。根据政策处理的事情,选择自己的观点和价值。(5)可以通过每个设定的参照框架去分析政策的一致性、充要性和依赖性。(6)一致性分析检验政策的逻辑。(7)充要性分析检验政策的经济层面以及政策的可行性。(8)依赖性分析检验其他人和组织在政策上的合法性和在实施上的可行性。(9)政策既要从首要参与者的观点出发进行分析,又要从相关参与者的观点出发进行分析。[①]

在实际应用方面,刘润秋,黄志兵运用S-CAD方法对成都的宅基地退出试点政策进行了评估。研究沿着"从理论到实践"的分析思路,先从众多政策参与者中选择一个"主导观点",并分别在政策出台时和政策实施后这两个时间点对宅基地退出试点政策进行分析。其中,采取的步骤主要如下:(1)确定主导观点方和提炼政策要素。目前,中央政府和地方政府均开展了宅基地退出试点工作,若是国家试点区域的政策则主导观点方选择中央政府,若是地方试点区域的政策则主导观点方选择地方政府。在此基础上,根据主导观点方的角色和职能,通过分析宅基地退出试点的相关政策文件,确定其在政策出台时的价值观以及政策目标、手段和预期结果。(2)政策实施前的S-CAD分析。在提炼出宅基地退出试点政策出台时的政策要素后,依次分析政策的一致性、充要性和依赖性。(3)政策实施后的政策要素变化。在宅基地退出试点政策实施后,通过政府工作人员座谈和实地调查获取一手资料,并收集各级政府后续出台的政策文件、工作总结报告等二手资料。根据调查了解到的实际情况,提炼政策实施后的政策要素。(4)政策实施后的S-CAD分析。根据实施后的政策要素差异,再次分析宅基地退出试点政策的一致性、充要性和依赖性。(5)研究结论与政策建议。基于政策实施前后的分析结果,对宅基

---

① 马海群,冯畅.基于S-CAD方法的国家信息政策评估研究[J].情报学报,2018(10):1060-1076.

地退出试点政策作出评价,并针对研究发现的问题,提出宅基地退出政策的优化建议。[1]

二、政策评估准试验方法

近年来,随着公共政策研究越来越多地借鉴了计量经济学、社会学、运筹学的研究方法,强调因果关系的准实验方法更多地被运用到了政策评估中,主要包括双重差分法、回归间断设计方法、工具变量方法、数据包络方法等。

1. 双重差分法

双重差分法是将公共政策视为一个准实验过程,为了评估出政策实施带来的净影响,将全部观察样本分为两组:一组是受到政策影响的群体,即实验组;另一组是没有受到同一政策影响的群体,即对照组。评估者需要分别计算实验组与对照组在处理或干预实施前后的变化量,再计算实验组与对照组之间变化量的差值,以此得出政策的影响数据。[2]

双重差分法的一个经典案例是关于房地产税政策对房价影响效应的研究。由白重恩、李奇、欧阳敏 2014 年发表在 *Journal of Econometrics* 的文章《不动产税与房价:两个城市的故事》就是采用的拓展后的双重差分法。作者将 2011 年 1 月在中国上海、重庆两地试点的房地产税政策视为一场政策实验,将两地受到政策影响的实际情况作为实验组,并运用其他没有受到政策影响的省份和城市的房价数据模拟出两地在没有受到政策影响时的虚拟情况作为对照组。研究结果表明:房地产税试点将上海的平均房价降低了 11%—15%,但却将重庆的平均房价提升了 10%—12%。研究还发现了房地产税的征收对重庆房价产生的外溢效应,即小户型、低端房产的房价和成交比例都有较大提高。研究的政策启示是当决策者在推广试点经验、出台相关政策前,应该更加审慎评估政策可能产生的各种潜在效应。[3]

---

[1] 刘润秋,黄志兵.基于 S-CAD 方法的宅基地退出试点政策评估——以成都市为例[J].四川大学学报(哲学社会科学版),2021(5):138-147.

[2] 李帆,马亮,李绍平.公共政策评估的循证进路——实验设计与因果推论[J].国家行政学院学报,2018(5):132-138+191.

[3] Bai Chongen, Li Qi, Ouyang Min. Property Taxes and Home Prices: A Tale of Two Cities[J]. Journal of Econometrics, 2014, 180(1): 1-15.

2. 回归间断设计方法

回归间断设计方法也叫断点回归,也是一种准实验设计方法。其基本的逻辑是,如果政策在一个关于个人背景的连续变量上设定一个临界值,使得在临界值一侧的个体接受干预政策,而在临界值另一侧的个体不接受干预,由于个体在连续变量的取值落在紧邻临界值两侧可以看作是随机的,因此在临界值附近就构成了一个准实验。通常把这个决定了是否接受干预的连续变量叫做强制变量,由于强制变量具有连续性的特征,这就意味着临界值两侧的个体应该也是类似的、可比的,而这两侧的个体在产出上的差异就是干预造成的差异。[①]

近期应用断点回归在公共财政领域的一个经典研究是 Marcelo Bergolo 和 Estefanía Galván 发表在 2018 年 *World Development* 上的论文《现金转移支付的家庭内部行为反应:基于断点回归的证据》。该研究旨在评估乌拉圭政府的一项现金转移支付项目,主要思路是考察家庭内部男女双方,特别是妇女一方对现金转移支付项目实施后的行为反应。该研究以乌拉圭的 3 565 户家庭住户为样本量,并将他们的家庭收入得分标准化,区间值为[−0.042 6,0.072 7],当家庭收入分值超过 0 时,则具有获得转移支付的资格;反之,则没有。研究发现,项目实施后,女性的一个行为反应是减少了正规就业比率;另一方面,项目的实施提高了女性在家庭中做决定的能力。因此,现金转移支付项目的正面政策效应是提高了女性地位和参与决策能力,有助于推进性别平等;项目的未预期效应则是减少了女性的正规就业。该研究的政策启示是需要对现金转移支付项目进行进一步优化,通过调整激励方式降低其负面效应,进一步强化妇女的再生产角色。[②]

3. 数据包络方法

数据包络分析(data envelopment analysis,DEA)是运筹学和研究经济生产边界的一种常用方法。该方法经常被用来测量一些决策部门的生产效率。

[①] 李帆,马亮,李绍平.公共政策评估的循证进路——实验设计与因果推论[J].国家行政学院学报,2018(5):132−138+191.

[②] Bergolo M, Galván E. Intra-household Behavioral Responses to Cash Transfer Programs: Evidence from a Regression Discontinuity Design[J]. World Development, 2018, 103:100−118.

人才政策评估的数字化方法

DEA可以被理解成一个线性规划模型,表示为产出对投入的比率。其通过对一个特定单位的效率和一组提供相同服务的类似单位的绩效比较,以此使服务单位的效率最大化。在这个过程中,获得100%效率的一些单位被称为相对有效率单位,而另外的效率评分低于100%的单位被称为无效率单位。通过这种方法,企业管理者就能够识别相对无效率的单位,并且衡量无效率的程度,以及降低无效率的方法。

DEA方法的一个经典案例是颜鹏飞和王兵发表在《经济研究》上的《技术效率、技术进步与生产率增长:基于DEA的实证分析》,该文章运用DEA的方法测度了1978—2001年中国30个省(自治区、直辖市)的技术效率、技术进步及曼奎斯特生产率指数,并且对人力资本和制度因素同技术效率、技术进步和生产率增长的关系进行了实证检验。研究发现,总体来说,中国全要素生产率是增长的,主要原因是技术效率的提高;由于技术进步减慢,1997年之后全要素生产率的增长出现了递减;根据技术进步并不能做出中国经济长期持续增长的判断;1992年以前中国经济出现了效率的趋同,1992年以后追赶效应消失,技术进步成为各个地区生产率差异的主要原因;人力资本和制度因素对全要素生产率、效率提高以及技术进步均有重要的影响。[1]

政策评估的准实验方法除了双重差分法、断点回归法、工具变量法、数据包络法之外,还包括倾向值匹配法、合成控制法等。倾向值匹配的主要逻辑是将实验组的个体与对照组的个体进行配对,并用成功匹配的对照组个体的观测结果近似表示实验组个体的反事实结果,通过比较两组的平均差异作为政策的平均处理效应;合成控制法的主要逻辑是,尽管对照组个体和实验组个体的特征不相似,但是可以对这些控制组个体进行某种加权,构造出处理组个体的反事实状态。[2]

---

[1] 颜鹏飞,王兵.技术效率、技术进步与生产率增长:基于DEA的实证分析[J].经济研究,2004(12):55-65.
[2] 李帆,马亮,李绍平.公共政策评估的循证进路——实验设计与因果推论[J].国家行政学院学报,2018(5):132-138+191.

第二章 公共政策评估的理论发展

三、政策评估的实验方法

社会科学实验研究在20世纪20年代首次亮相,自此社会科学家开始基于随机分配原则,分配被试对象为控制组和干预组,并开展观察研究。最早的政治学实验在20世纪40年代出现,然而,由于种种原因,实验研究此后在相当长一段时间被视为"异常"。[①] 进入21世纪以来,伴随着政策研究对因果关系的重视,实验方法作为政策评估的新方法再次受到重视。

1. 实验设计的基本要素[②]

总体来看,实验设计要回答对谁、施行何种实验干预,"对谁"指的是分析单位,"施行何种实验干预"是指怎样测量自变量。实验干预需要根据具体研究的目的而定。例如,在观看总统辩论的研究示例中,研究者在设计实验干预时需要考虑,给实验对象观看哪一场总统辩论,观看辩论的整体过程还是部分片段,观看过程中是否有第三方的媒体解读,实验对象独自观看还是三五成群地一起观看并边看边讨论,等等。也就是说,实验干预既包括设计自变量的测量指标,还包括在怎样的情境中测量这一变量。一旦某实验干预方案确定下来,它在整个实验研究中,都应该保持不变,这一过程就是实验干预的标准化。

实验除了需要干预组外,还需要对照组。对照组的设置也有若干种选择:(1)空白对照,即不采取任何实验处理或实验干预,此时实验对象没有观看任何总统辩论,直接进入后面的实验流程;(2)安慰剂对照,提供实验对象一些信息或者进行干预,但是缺乏研究最关注的实验干预部分,如让其观看总统辩论,但没有哪位候选人占据主要(出镜)时间或者没有明显的辩论的上/下风;(3)不相关对照,即也提供实验对象一些信息或者干预,但这些信息不涉及研究问题,例如让此组实验对象观看一些(不会影响其政治态度、投票偏好的)商业广告,而非总统辩论。

调查实验在设计实验干预组与对照组时,与上述做法稍有差异。调查实验是指在(问卷)调查中,通过控制调查问题的内容、顺序、形式以及其他特征

---

① 孟天广.从因果效应到因果机制:实验政治学的中国路径[J].探索,2017(5):30-38.
② 余莎,游宇.不操纵无因果:实验政治学几个核心的方法论问题[J].甘肃行政学院学报,2017(2):53-66+125.

人才政策评估的数字化方法

来进行实验干预的实验设计,这也是普通的调查研究与调查实验最本质的区别。例如,在关于政治态度框架效应的实验研究中,处理组与对照组的实验对象可能会面临不同语气(积极或者消极)的提问方式,或者不同语境(正面或者负面)的阅读材料。再例如,用列举实验形式做的调查实验研究,处理组与对照组的差异可能在于问题所涉的条目多少,或者顺序差异。

在完成实验干预的设计之后,研究者需要考虑"对谁做实验"。一般来说,研究者会假设实验对象代表了研究对象。那么,需要招募多少,以及如何招募实验对象来参与实验是需要考虑的两个重要问题。研究所需的实验对象规模,即定量研究中的样本大小,取决于实验设计中实验干预组的种类多少,这要求样本量至少要满足进行统计推断的最低标准。

2. 随机分配与区块设计[1]

实验设计只是关注了研究者如何干预数据生成过程,而要保证实验方法进行因果推论,仅有干预还不能成功,需要干预过程满足"有效控制"的原则。随机分配就是控制的主要手段之一。最简单的分配方式是完全随机化,即将所有实验对象随机地分配到各实验组(干预组和对照组)中。随机化是指任何实验对象进入任何一个实验组的概率都是相同的,有很多操作方式可以帮助研究者实验随机化,例如抛硬币、随机数表,或者随机程序等等。本质上来看,完全随机分配是将原因变量之外的所有可观测的控制变量、不可观测的未知干扰都通过随机分配的形式进行控制,是一种比较"盲目的"控制方式。如果明确已知某些变量会影响实验结果,则可以通过随机区块设计来将其纳入实验控制。根据这些变量,研究者可以先将研究对象分为不同区组,然后在每一个区组内再进行随机分配。

与完全随机分配相比而言,随机区块设计的效率更高,但要求的样本量更大。从定量研究的视角来看,完全随机分配基本是人为创造两个或多个完全同质从而可比的研究对象组,再比较几组的实验结果是否显著,从而判断实验干预的因果效应。因此,在此情况下,往往只需要均值统计检验即可完成。而

---

[1] 余莎,游宇.不操纵无因果:实验政治学几个核心的方法论问题[J].甘肃行政学院学报,2017(2):53-66+125.

随机区块设计的过程是在考虑了其他因素的情况下,在每个区组内创造两个或多个完全同质、从而可比的研究对象组。此时,就整个样本来看,实验干预组与对照组的差异大小,既来自实验干预,也可能与所处的区组有关。因此,这个过程就相当于求实验干预在"区组特征"取值情况下产生的条件均值。一般来讲,当实验对象异质性比较高,样本量也比较大的时候,随机区块设计是更好的选择。

判断随机分配是否成功的最常用的工具是平衡检验方法。即通过观察各实验组的特征变量、因变量的前测变量(如果有的话),以及其他控制变量之间是否存在显著差异。通过平衡检验是随机分配成功的必要条件而非充分条件。此外,即便随机分配成功,也不代表实验干预成功,还需要考察实验对象是否"接受了"分配,即"受到了"实验干预的影响。当出现实验对象没有接受干预时,这被称作"拒绝服从",因此分组中也要关注对象的接受问题。

3. 实验结果的统计与应用

随机分配与实验干预之后,研究者要"观察"和记录实验结果。与原因变量的测量一样,结果变量的测量要保持一致,对于所有实验组都用同一指标、在同一情境下进行测量。对于实验数据的处理,研究者在大多数情况下采用与观察性数据相同的统计方法,但也有些研究者认为实验数据是来自不同的分布,因而需要特殊考虑,具体的方法要因研究问题与数据结构而定。[①]

在具体案例方面,Li Meng 等 2018 年发表在 *Psychological Science* 上的论文《诱饵的助推效应：一个更差的选择促进手部卫生》较好地应用了实验方法。通过在某食品加工厂开展随机对照试验,研究是否可以通过设置诱饵,改变微观个体的健康动机进而改善宏观健康行为。研究者以洗手液的使用量为指标考察洗手行为的改变情况。其中,在实验组为工人增加了一个消毒效果相同但使用更不方便的挤壶作为诱饵,并对诱饵设置前后各 20 个工作日做了连续的指标记录;同时,对对照组(只有喷壶消毒)也做了 40 个工作日的连续追踪。从实验结果来看,实验组中添加诱饵对被试造成了提示效应,诱饵的设

---

① 余莎,游宇.不操纵无因果：实验政治学几个核心的方法论问题[J].甘肃行政学院学报,2017(2)：53-66+125.

置使手部卫生合格率从之前的60%—70%提高为90%以上。这项实验研究具有很强的政策蕴意。根据行为科学理论,宏观行为的涌现需要微观动机的点滴积累与改变。如何使用最小成本和干预措施实现政策目标,如何在传统的政策工具中引入新的思路,通过机制设计和制度安排来实现激励相容,值得决策者进一步研究。①

政策实验方法可以用在政策制定和执行评估之中,也即在政策还没有具体实施之前提前预测政策的科学性和可行性。除了社会实验方法之外,政策仿真也是政策实验的一种方法,其原理是利用已经估算出参数值的经济计量模型,计算出不同政策方案的后果,以便进行政策评价。进行政策模拟时,首先给出不同政策方案的假设条件,即政策变量的数值,或结构参数的变动值,然后用模型计算出不同假设条件下内生变量的数值。与社会实验相比,政策仿真在变量参数设计时,往往难以体现社会的复杂性,因此,虽然该方法20世纪七八十年代已经有尝试,但实际的应用并不多见,且大部分集中在对已有政策的模拟上。

---

① Li Meng, SunYan, Chen Hui. The Decoy Effect as a Nudge: Boosting Hand Hygiene With a Worse Option[J]. Psychological Science, 2019, 30(1): 139-149.

第三章　我国人才政策评估的实践现状

党的二十大报告强调：教育、科技、人才是全面建设社会主义现代化国家的基础性、战略性支撑。必须坚持科技是第一生产力、人才是第一资源、创新是第一动力，深入实施科教兴国战略、人才强国战略、创新驱动发展战略，开辟发展新领域新赛道，不断塑造发展新动能新优势。[①] 这是我国首次将"教育强国、科技强国、人才强国"并列的新的战略安排，也意味着新时代需要将我国的人才工作放在党和国家发展的大局中去思考和布局。

第一节　新时代我国人才工作的战略导向

党的二十大报告强调："培养造就大批德才兼备的高素质人才，是国家和民族长远发展大计。功以才成，业由才广。"[②]习近平总书记在2021年召开的中央人才工作会议上也指出："人才是衡量一个国家综合国力的重要指标。国家发展靠人才，民族振兴靠人才。""深入实施新时代人才强国战略，全方位培养、引进、用好人才，加快建设世界重要人才中心和创新高地。"[③]在百年奋斗历

[①] 习近平.高举中国特色社会主义伟大旗帜　为全面建设社会主义现代化国家而团结奋斗——在中国共产党第二十次全国代表大会上的报告[R].北京：人民出版社，2022：33.
[②] 习近平.高举中国特色社会主义伟大旗帜　为全面建设社会主义现代化国家而团结奋斗——在中国共产党第二十次全国代表大会上的报告[R].北京：人民出版社，2022：36.
[③] 中华人民共和国中央人民政府.习近平出席中央人才工作会议并发表重要讲话[EB/OL].http://www.gov.cn/xinwen/2021-09-28/content_5639868.htm.

程中,中国共产党始终高度重视人才工作,并在各个时期都制定和采取了许多行之有效的人才方针政策,通过培养人才、集聚人才、引领人才、成就人才,团结和支持各方面人才为党和人民的事业建功立业,党的人才工作建设取得了一系列显著成效。

尤其是党的十八大以来,以习近平同志为核心的党中央,在准确把握国内外发展形势对人才工作提出新挑战、新要求的基础之上,作出"人才是实现民族振兴、赢得国际竞争主动的战略资源"的重大判断,作出全方位培养、引进、使用人才的重大部署,推动新时代人才工作取得历史性成就、发生历史性变革,打开了"让更多千里马竞相奔腾于伟大时代"的人才工作新局面,不断推动人才强国战略走向新境地。不仅标志着我国人才强国战略已经进入新的发展时期,同时也意味着中国共产党在新时代对卓越优秀人才时代价值的认识进入了更高的战略高度。

一、坚持党管人才基本原则不动摇

习近平总书记在党的二十大报告中指出:"要坚持党管人才原则,坚持尊重劳动、尊重知识、尊重人才、尊重创造,实施更加积极、更加开放、更加有效的人才政策,引导广大人才爱党报国、敬业奉献、服务人民。"[①]党管人才原则是巩固中国共产党执政地位的有力保障,党管人才不是说由党委去包揽人才工作的一切具体事务,而是指各级党委要严格按照我们党的干部方针、路线、政策,培养、选拔、任用各级人才,并且建立一系列完整的制度对各级人才工作进行监督、管理。

第一,坚持党管人才原则是充分发挥中国共产党总揽全局的核心领导作用的高度集中展现。作为中国特色社会主义事业的领导核心,中国共产党的领导覆盖了国家、社会生活的各个方面,在人才工作问题上,中国共产党同样起着决定性作用,因为人才工作是一个系统工程,涉及国家现代化建设的各个方面,这就迫切需要充分发挥党的领导核心作用,总揽全局,协调各方,更好地

[①] 习近平.高举中国特色社会主义伟大旗帜 为全面建设社会主义现代化国家而团结奋斗——在中国共产党第二十次全国代表大会上的报告[R].北京:人民出版社,2022:36.

组织起实现第二个百年奋斗目标的人才大军。

第二,坚持党管人才就是紧紧围绕改革发展大局形成人才工作齐抓共管的新格局。党政军民学,东西南北中,党是领导一切的。进入新时代以来,各级党组织紧紧围绕管宏观、管政策、管协调、管服务的"四管"职责,抓住影响全局和人才关注的重大问题,加强宏观协调,注重区域统筹,突出改革创新,狠抓督促指导,确保党中央关于人才工作的决策部署落到实处,形成了党委统一领导,组织部门牵头抓总,有关部门各司其职、密切配合,用人单位发挥主体作用、社会力量广泛参与的党管人才工作格局。①

第三,坚持党管人才原则是进一步深入贯彻并落实以人民为中心发展理念的重要体现。办好中国的事情,关键在党,关键在人,关键在人才。正如习近平总书记所指出,"我们比历史上任何时期都更加接近实现中华民族伟大复兴的宏伟目标,也比历史上任何时期都更加渴求人才。"中国共产党是人民的政党,人民群众是党的重要力量源泉,我们党领导人民进行的改革开放、社会主义现代化建设的根本目的之一就是要不断为人民谋幸福,就是要重用人才,科学用才,在工作事业中更多地对人才予以重任,给他们一个施展才华的舞台,多让他们"挑大梁""担重任",给予充分的认可,让他们切实感受到"功成必定有我"的使命感和荣誉感。

总体而言,党管人才原则就是中国共产党站在广大人民群众新期盼、时代发展新潮流的高度提出的重大决策,并选拔、任用一批信得过、用得上、能作为、善作为的人才,以爱才的诚意、用才的胆识、聚才的良方,推动形成天下英才聚神州、万类霜天竞自由的人才发展良好环境,为民族复兴大业提供坚实的人才支撑。

二、坚持人才引领发展思路不动摇

习近平总书记在党的二十大报告中强调:"完善人才战略布局,坚持各方

---

① 聚天下英才而用之——党的十八大以来我国人才事业创新发展综述[N].人民日报,2021-09-28(1).

面人才一起抓,建设规模宏大、结构合理、素质优良的人才队伍。"[①]2020年,总书记在党的十九届五中全会上也指出:站在"两个一百年"历史交汇点上,想要抢抓高质量发展机遇,就必须顺势而为、乘势而上、聚势而强,蹚出一条人才引领创新发展的新路子。[②] 党的十八大以来,人才工作紧紧围绕嵌入国家经济社会发展全局,目标任务瞄准战略需求来确定,国家重大战略部署到哪里,人才工作就跟进、服务到哪里,坚持人才引领发展思路不动摇,坚持人才为经济社会发展提供有力支持。

第一,坚持人才引领发展,明确人才是引领发展的战略性资源。因为人才作为战略性资源对其他资源发挥着根本性、决定性和全局性作用,其他资源只有在人才资源的支配下才能最大限度地发挥作用,才能产生最大的社会效益和经济效益。从历史维度来看,人才引领也是大国兴起的根本动因,世界现代化史上三次成功的追赶和英国长期保持创新大国的地位都是人才引领的结果。当前,我国正处在实现民族伟大复兴的关键时期,培育、集聚一支规模宏大、素质优良、梯队合理、作用突出的人才队伍是我国赢得新的国际竞争优势的战略资源。

第二,坚持人才引领发展,充分发挥人才在创新发展中的引领作用。在科技发展日新月异的当下,中国未来发展的关键是创新发展、高质量发展,并进而实现人民群众的高品质生活,而这些战略目标的实现最根本的是靠人才。习近平总书记在2014年就提出在创新发展中要重点关注培养"科学家、科技人员、企业家和高技能人才"四个方面的人才。尤其是面对当前世界百年未有之大变局,国际形势复杂多变,社会发展日新月异,各行各业都对人才提出了更为迫切的需求,这就更要求我们充分发挥战略科学家和科技领军人才在科技创新中的引领作用,尤其要促使一大批青年人才脱颖而出,形成人才引领创新、创新驱动发展的良好局面。

第三,坚持人才引领发展,从人才战略布局高度谋划新时代的人才工作新

---

① 习近平.高举中国特色社会主义伟大旗帜 为全面建设社会主义现代化国家而团结奋斗——在中国共产党第二十次全国代表大会上的报告[R].北京:人民出版社,2022:36.
② 中国共产党第十九届中央委员会第五次全体会议公报[R].2020.

方略。进入新时代以来,区域协调发展,区域协同发展,共同富裕战略成为我国超越当下发展瓶颈,实现长期可持续发展的重要举措。但在实践中,由于区域经济发展不平衡、区域科教资源分布不合理、人才流动障碍仍较多等原因,我国人才区域布局仍不均衡,区域协调发展格局尚未形成。在新发展阶段,必须按照党的二十大报告要求,加快促进人才区域合理布局和协调发展。具体来说,就是鼓励各地根据新形势新要求,完善"十四五"人才发展规划,特别是完善其中与人才区域布局相关的规划内容。加强人才流入地与人才流出地之间的人才规划统筹和协作,引导人才区域合理布局、各得其所。高度重视制定和完善乡村人才发展规划,鼓励城市人才支援乡村振兴,支持县乡留住乡村振兴人才。根据各地的比较优势和人才需求,规划建设一批"人才政策特区"和"人才产业园区",为各类人才在各地提供充分发挥其才能的舞台。[①]

总体而言,面对复杂严峻的国际竞争局势,要在如此困难的环境下实现中华民族的伟大复兴,关键在党、关键在人才,重点还要看人才对创新的推动作用是不是得到充分发挥,能不能造就一大批创新人才,推动人才链、产业链、创新链深度融合,为我国经济社会发展提供强大的人才支撑。

三、坚持全方位聚才用才战略不动摇

习近平总书记在党的二十大报告中强调:"加快建设世界重要人才中心和创新高地,促进人才区域合理布局和协调发展,着力形成人才国际竞争的比较优势。加快建设国家战略人才力量,努力培养造就更多大师、战略科学家、一流科技领军人才和创新团队、青年科技人才、卓越工程师、大国工匠、高技能人才。加强人才国际交流,用好用活各类人才。"[②]2016年,总书记在网络安全和信息化工作座谈会上也指出:"人才是第一资源。古往今来,人才都是富国之本、兴邦大计。我说过,要把我们的事业发展好,就要聚天下英才而用之。要干一番大事业,就要有这种眼界、这种魄力、这种气度。"栽下梧桐树,引来金凤

---

① 国务院发展研究中心公共管理与人力资源研究所.促进人才区域合理布局与协调发展[N].中国经济时报,2023-03-22(4).
② 习近平.高举中国特色社会主义伟大旗帜 为全面建设社会主义现代化国家而团结奋斗——在中国共产党第二十次全国代表大会上的报告[R].北京:人民出版社,2022:36.

凰,打造"近者悦、远者来"的引才用才格局,就是要坚持全方位聚才用才战略,打造具有全球竞争力的人才高地。

第一,全方位聚才用才,坚持培育为先,优化人才队伍结构。党的十八大以来,各级各地方将人才结构调整与产业结构调整相结合,不断推动人才结构提质升级,为引领新一轮科技革命和产业转型变革提供坚强支撑。通过高端引领为纲,以重大人才工程为抓手,推进高端人才队伍建设;通过聚焦未来发展,根据新一轮科技革命发展趋势和我国未来人才需求推进高等教育改革,推动专业教育与产业融合发展,培养交叉融合、一专多能型人才;通过人才投入优先保障,2022年我国全社会研发经费投入达3.09万亿元,稳居世界第二大研发投入国,高水平人才队伍总量持续扩大。[①]

第二,全方位聚才用才,坚持聚才成峰,加快人才高地建设。2021年中央人才工作会议也提出,加快建设世界重要人才中心和创新高地,需要进行战略布局。综合考虑,可以在北京、上海、粤港澳大湾区建设高水平人才高地,一些高层次人才集中的中心城市也要着力建设吸引和集聚人才的平台。[②] 党的二十大报告也提出了"人才国际竞争的比较优势"的战略部署。党的十八大以来,我国根据区域发展战略,加强人才高地建设,形成吸引人才的强磁场,为引进人才、聚集人才和充分发挥人才作用创造更好的环境和条件,京津冀、粤港澳、海南自由贸易港人才高地建设雏形初现。

第三,坚持人才引领,坚持人才优先,下大力气积聚一大批战略科学家。明者见事于未萌,智者图强于未来。在科技日新月异的今天,一些重要的科学问题和关键核心技术呈现出革命性突破的先兆,国家间的竞争更加倚重于创新能力的提升,聚焦于战略性创新资源的争夺,战略科学家成了全面建成社会主义现代化强国战略实施的"关键因子"。战略科学家看得远、悟得透、握得准,能够站在学科前沿,凝练和破解趋势性、引领性、根本性的重大科学问题,

---

[①] 中华人民共和国中央人民政府.国家创新调查显示:我国稳居世界第二大研发投入国[EB/OL]. http://www.gov.cn/xinwen/2023-02/22/content_5742661.htm.

[②] 中华人民共和国中央人民政府.习近平出席中央人才工作会议并发表重要讲话[EB/OL]. http://www.gov.cn/xinwen/2021-09/28/content_5639868.htm.

建立独创性研究体系,精准指引关键领域突破,引领学科发展新的方向。[1] 人才引领发展,就是突出战略科学家的引领性探索、开拓与奋进,助推民族复兴伟业不断取得新的胜利。

第四,全方位聚才用才,坚持开放聚才,用好全球人才红利。不拒众流,方为江海。习近平总书记指出,一个国家对外开放,必须首先推进人的对外开放,特别是人才的对外开放。党的十八大以来,按照党中央部署,我国实施了更加积极、更加开放、更加有效的人才政策,创新方式方法,完善工作举措,大力推动人才国际交流合作,针对国外人才来华工作、生活、学习,整合出入境、人社、外专、商务、检验检疫、外事等部门,建立外国人才服务"单一窗口",提供更便捷的办事环境,我国逐步从世界最大人才流出国转变为主要人才回流国,成为创新人才高度积聚、创新要素高度整合、创新活动高度活跃的全球人才高地。

总结而言,聚天下英才而用之,全方位聚才用才,就是要明确吸引人才的关键在于环境,留住人才的关键在于事业,发挥人才活力的关键在于制度。深入实施新时代人才强国战略就是要"以识才的慧眼、爱才的诚意、用才的胆识、容才的雅量、聚才的良方,把党内和党外、国内和国外各方面优秀人才集聚到党和人民的伟大奋斗中来"[2]。

四、坚持体制机制改革路线不动摇

习近平总书记在党的二十大报告中强调:"深化人才发展体制机制改革,真心爱才、悉心育才、倾心引才、精心用才,求贤若渴,不拘一格,把各方面优秀人才集聚到党和人民事业中来。"[3]2021年,总书记在中央人才工作会议上强调:"加快建设世界重要人才中心和创新高地,必须把握战略主动,做好顶层设

---

[1] 经济日报评论员.大力培养使用战略科学家[N].经济日报,2021-10-04(1).
[2] 习近平.决胜全面建成小康社会 夺取新时代中国特色社会主义伟大胜利——在中国共产党第十九次全国代表大会上的报告[EB/OL].http://www.gov.cn/zhuanti/2017-10/27/content_5234876.htm.
[3] 习近平.高举中国特色社会主义伟大旗帜 为全面建设社会主义现代化国家而团结奋斗——在中国共产党第二十次全国代表大会上的报告[R].北京:人民出版社,2022:36.

计和战略谋划。"①深入实施新时代人才强国战略必须深化人才发展体制机制改革,构建具有强大竞争力的人才制度体系,就是要破除人才发展的桎梏,用强大的人才引擎为我国推进高质量发展提供澎湃动力。

第一,深化人才发展体制机制改革,构筑人才制度优势。事业能否快速发展关键在人才,人才活力能否充分释放关键在体制机制。党的十八大以来,以习近平同志为核心的党中央坚持以"放权、松绑"为重点,着力打通人才流动、使用的各个环节,推出《关于深化人才发展体制机制改革的意见》《关于深化项目评审、人才评价、机构评估改革的意见》《关于完善科技成果评价机制的指导意见》等一系列政策举措,推动人才发展体制机制改革全面提速,中国特色人才制度体系的"四梁八柱"基本形成,中国特色人才制度的优势进一步彰显,人才活力进一步释放,为我国推进高质量发展提供了澎湃动力。

第二,深化人才发展体制机制改革,破除体制机制障碍。党的十八大以来,我国的人才管理体制改革不断走向深入,用人单位自主权不断扩大。截至2021年10月,国务院连续7批次取消职业资格许可和认定事项433项,累计取消70%以上。② 各级人才管理职能部门简政放权,取消对用人主体的过度干预,向用人主体放权,赋予用人单位更加充分的用人权、用财权、用物权以及技术路线决定权,自主决定用人的形式、用人的数量、人员的薪酬、人员的聘期等,着力打破户籍和人事关系等制约,逐步消除长期困扰我国人才流动的身份壁垒等问题,促进人才在不同区域、不同行业和不同单位有序流动,形成具有吸引力和国际竞争力的人才制度体系,让各类人才的创新活力竞相迸发、聪明才智充分涌流。

第三,深化人才发展体制机制改革,推进人才评价机制改革。通过为人才松绑,深化职称制度改革和科研经费管理制度改革,从改革收入分配政策入手,推广完善与工作业绩紧密联系、以增加知识价值为导向、以市场评价要素贡献并按贡献分配的激励机制,用好人才评价激励的"指挥棒",使真正作出贡

---

① 中华人民共和国中央人民政府.习近平出席中央人才工作会议并发表重要讲话[EB/OL]. http://www.gov.cn/xinwen/2021-09-28/content_5639868.htm.
② 聚天下英才而用之——党的十八大以来我国人才事业创新发展综述[N].人民日报,2021-09-28(1).

献的人才能够"名利双收"。近年来,科技部、教育部等五部门联合开展清理"唯论文、唯职称、唯学历、唯奖项"专项行动,对各类科技评价活动进行全面清理和整合,改革组合拳的硬招和实招通过为科研人员松绑赢得了各类人才的纷纷点赞,人才发展的"生态环境"极大提升。

综合来说,改到真痛处,催生新活力。强烈的人才意识,鲜明的用才导向,注重营造良好的人才环境,体制机制改革让"人才红利"加速释放。在习近平总书记的指引下,我国人才工作体制机制"坚冰"不断融化,中国特色人才制度优势进一步彰显,"天下英才纷至沓来、源头活水驱动创新"的愿景正逐渐变为现实。

纵观世界大国兴衰进程,国家竞争的背后实质上是人才竞争。谁能够培养、吸引和使用更多优秀人才,谁就能掌握主动权、占领制高点。工业革命以来,每一次后起国家的成功赶超,莫不伴随着人才引领、科技先行和实力大增。深入实施新时代人才强国战略,加快建设世界重要人才中心和创新高地,全面实现2025年、2030年、2035年三步走战略布局,需要我们全面深化人才体制机制改革,构建具有全球竞争力的人才制度体系,着力解决我国人才队伍仍面临的"人才数量增长快、人才质量提升慢,人才素质提升快、人才结构优化慢,人才投入增加快、人才成果转化少"[1]等突出问题,并通过人才政策的全流程评估,实现人才政策的提质增效,实现人才战略的稳步推进。

第二节 新时代我国人才工作的顶层设计

党的十八大以来,面对错综复杂的国际局势和艰巨繁重的改革发展稳定任务,以习近平同志为核心的党中央始终把人才工作摆在治国理政大局的关键位置,通过强化顶层设计,坚持党对人才工作的全面领导;坚持人才引领发展的战略地位;坚持面向世界科技前沿、面向经济主战场、面向国家重大需求、面向人民生命健康;坚持全方位培养用好人才;坚持深化人才发展体制机制改革;坚持聚天下英才而用之;坚持营造识才爱才敬才用才的环境;坚持弘扬科

---

[1] 孙锐.打造人才强国战略升级版[N].中国组织人事报,2021-08-20(6).

学家精神,①我国新时代的人才工作取得历史性成就、发生历史性变革,一支规模宏大、素质优良、结构不断优化、作用日益突出的人才队伍逐渐成形。

一、坚持投入优先,提升人才工作战略定位

人才是经济社会发展的第一资源和第一驱动,坚持人才投入优先,提升人才工作的重要性,是落实人才强国战略的重要抓手和基本前提,是实施人才引领发展战略的重要基础。现代经济学认为,人力资本是经济发展和技术创新的源泉,人力资本是劳动者身上所具有的、能够创造经济价值的知识和技能的总和,人力资本与物质资本、劳动、技术进步共同促进经济增长,并且在经济发展的后期,人力资本的作用会越来越突出②。为了促进经济社会的可持续发展,提高经济发展的质量和综合国力,世界各国对人力资本的发展均给予了较多的关注和投入。作为一个发展中国家,我国拥有占世界1/5左右的人口,提升人才投入力度,提高劳动力素质和能力,能够释放人力资本的潜力,推动我国经济社会的优质高效发展,为我国在新一轮的国际竞争中取得优势地位提供人才保障。

党和国家高度重视人才投入,在教育、科技等领域不断加大投入力度,并提高人才投入的使用效率和效益。近年来,我国财政性教育经费的支出占国内生产总值的比重一直保持在4%以上,③2018年,国务院出台的《关于进一步调整优化结构 提高教育经费使用效益的意见》(简称《意见》)中要求财政性教育经费支出占国内生产总值的比重一般不能低于4%,《意见》同时还提出了两个"只增不减",即一般性公共预算教育支出逐年只增不减,按照在校生人数平均的一般公共预算教育支出逐年只增不减;在保持和提高财政教育投入力度的同时还鼓励社会性的教育投入。此外,我国实行了九年义务教育制度,学前

---

① 中华人民共和国中央人民政府. 习近平出席中央人才工作会议并发表重要讲话[EB/OL]. http://www.gov.cn/xinwen/2021-09/28/content_5639868.htm.

② 中共中央组织部人才工作局. 人才发展体制机制改革:顶层设计[C]. 北京:党建读物出版社,2017:325.

③ 教育部. 教育经费支出占GDP比例连续九年保持在4%以上[EB/OL]. http://edu.cnr.cn/sy/sytjA/20211112/t20211112_525659001.shtml.

教育的入学率也不断提高,中等职业教育的免学费政策基本实现了全覆盖。教育投入的增加对我国人力资源水平和劳动力素质与能力的提升起到了明显的促进作用,为我国人才强国战略的实施打下了坚实的基础。

党的十八大以后,国家逐步加大了对科技创新的投入力度,研发经费投入总量和投入强度均逐年提升。2021年,全国共投入研究与试验发展(R&D)经费27 956.3亿元,比上年增加3 563.2亿元,增长14.6%,增速比上年加快4.4个百分点;研究与试验发展(R&D)经费投入强度(与国内生产总值之比)为2.44%,比上年提高0.03个百分点。按研究与试验发展(R&D)人员全时工作量计算的人均经费为48.9万元,比上年增加2.3万元。[1] 随着科技支出的增加,我国的科研创新能力不断提升,国际高引用论文数量及重要领域的国际科技论文引用率均位居前列,在量子通信、超级计算机和载人潜水技术等方面取得重要突破。根据《2022年全球创新指数报告》,中国排名第11位,较2021年上升1位;此外,《2020年全球创新指数报告》显示,中国排名近几年迅速攀升,2019年上升至第14位,中国也是今年跻身GII综合排名前30位经济体中唯一的中等收入经济体。与此同时,从科技集群数量来看,中国仅次于美国,排在世界第2位,中国有17个科技集群进入全球科技集群百强,其中深圳—香港—广州和北京分别位居第2位和第4位。[2] 中国已经确立了作为创新领先者的地位,在专利、实用新型、商标、工业品外观设计申请量和创意产品出口等重要指标上名列前茅。科技竞争的核心是人才的竞争,为了应对日益激烈的国际人才竞争,国家不断提高人才政策的开放度,加大了人才发展的资金投入力度,通过实施"千人计划""万人计划"等重大人才工程,统筹国际国内高层次人才,打造高层次的创新创业人才队伍,为创新驱动战略的实施提供人才支持。

总体来看,通过各项人才计划以及各种科技投入项目,我国不断加大对人才的投入力度,将人才强国上升为国家战略,不断提升人才工作的重要性程

---

[1] 国家统计局.2021年全国科技经费投入统计公报[EB/OL].http://www.stats.gov.cn/sj/zxfb/202302/t20230203_1901565.html.
[2] 中华人民共和国商务部.全球创新指数报告发布:中国17个科技集群进入全球百强[EB/OL].http://www.mofcom.gov.cn/article/i/jyjl/j/202009/20200902999183.shtml.

度,为人才的培育和发展创造了良好的政策条件和科研环境,全面加速了人才强国战略的落实与科技创新的发展。

二、坚持创新驱动,营造良好人才发展环境

创新是一个国家持续发展的最重要驱动力量,党的十八大和二十大报告进一步强调实施创新驱动发展战略。党的十八大以后,党中央进一步明确了创新为首的国家发展战略,出台了《国家创新驱动发展战略纲要》,强调创新是引领发展的第一动力,科技创新能力是国家力量的核心支撑,应该推动发展方式向依靠持续的知识积累、技术进步和劳动力素质提升转变。《中华人民共和国国民经济和社会发展第十四个五年规划和2035年远景目标纲要》也提出,要坚持创新在我国现代化建设全局中的核心地位,把科技自立自强作为国家发展的战略支撑。坚持以创新为导向,以创新人才培育为抓手,推动相关资源向科技创新领域集聚,是应对当前国际国内形势的必然选择。

在当今的国际形势下,以智能、绿色、泛在为特征的技术革命正在形塑全球的产业结构和分工,科学技术更新换代的速度加快,并在很大程度上影响着国家的生产力和财富能力。以创新能力为核心的技术变革正在重塑着国际竞争格局,拥有强大的创新能力才能在当前以及未来的国际竞争中拥有话语权,占据主导地位。就国内形势而言,经过多年的经济高速增长,我国目前已经进入经济的新常态阶段,传统粗放型的增长方式难以推动经济持续、高效的发展,需要寻找新的经济增长点,科技创新能力成为驱动我国经济发展的新引擎。坚持创新驱动,有利于实现我国经济中高速增长的发展目标;同时,科技创新能力的提高能够解决我国产业升级过程中关键技术受制于人的困境,从而有助于推动我国的产业结构实现从低端产业链到中高端产业链发展的转变。

目前,我国的科技创新正处于跟跑、并跑和领跑"三跑并存"的发展阶段,科技发展形势处于从量的积累向质的提升转变的重要时期,实现科技强国的发展战略需要准确把握我国科技创新的阶段性特征,注重创新能力的提升,对基础研究领域给予更多的关注,这就需要政府相关部门和社会投入更多资源在创新人才的培养上,通过营造良好的人才生态环境,激发科研人员的创新积

极性和活力。概括而言,人才生态环境包括两个方面,一方面是硬环境,主要是指科研设备的配备和科研空间与平台的搭建等,另一方面是软环境,包括各种有利于人才发展的制度建设和人才创新激励机制的完善等。具体而言,在创新人才培养的硬环境营造方面,党的十八大以后,我国继续加大对科技创新的投入力度,专业技术人才从 2010 年的 5 550.4 万人增长到 2019 年的 7 839.8 万人,成为全球规模最宏大、门类最齐全的人才资源大国。从 2013 年开始,我国的研发人员数量已经超过美国,连续 5 年位列世界第一。在国际上,研发经费投入强度(即研发经费与国内生产总值之比)是衡量国家科技投入水平的重要指标,初步测算,2022 年我国 R&D 经费投入达到 30 870 亿元,较上年增长 10.4%,研究与试验发展经费投入强度(与国内生产总值之比)为 2.55%,比上年提高 0.12 个百分点。[①] 在创新人才培养的软环境营造方面,最大限度地破除科技创新的体制机制障碍,出台《关于改进加强中央财政科研项目和资金管理的若干意见》,盘活科研经费的使用;出台《关于深化中央财政科技计划(专项、基金等)管理改革的方案》,综合统筹科研项目的管理和科研基金的使用;出台《促进科技成果转化法》和《关于完善科技成果评价机制的指导意见》等,将科研成果转化处置权力下放,促进了科研成果的转化应用,人才活力进一步释放,为我国推进高质量发展提供了澎湃动力。

激发技术创新人才的科研积极性是科技强国战略取得成功的关键因素之一。《关于全面深化改革若干重大问题的决定》提出要健全资本、知识、技术、管理等由要素市场决定的报酬机制,采取由市场决定、按经济贡献获取报酬的技术创新激励和分配制度,鼓励科研成果的应用和转化,激发科研人员的积极性。此后,技术创新人才的激励机制建设逐步完善,确立了以股权激励、技术成果入股激励等形式为主的创新人才激励制度。党的十八大以后,国家有关部委相继出台了《关于支持科技成果出资入股确认股权的指导意见》和《关于开展深化中央级事业单位科技成果使用、处置和收益管理改革试点的通知》等文件,深化科研院所科技成果管理的改革,通过试点改革的形式不断探索激发

---

① 中华人民共和国中央人民政府. 2022 年我国 R&D 经费突破 3 万亿元与 GDP 之比达 2.55%[EB/OL]. http://www.gov.cn/xinwen/2023-01/20/content_5738199.htm.

创新人才科研积极性的有效机制,赋予试点单位科技成果转化处置的自主权,并将科技成果转化处置的收入全部留归单位,以股权和分红的方式保障科研人员在科技成果转化中所享有的权益,提高创新人才进行产学研合作创新的积极性和创新成果的应用性导向。通过不断完善相关制度建设,营造良好的人才创新氛围和环境,创新人才的积极性和创新成果的产出得到提高。

三、坚持市场导向,不断完善人才治理体系

人才是科技创新的主体,建设科技强国,需要使人才的特长与经济社会发展的需求相一致,坚持市场化导向,建立促进和保障人才合理流动的体制机制。人才能够为我国经济社会的发展提供智力支撑和创新动力,发挥人才创新创业的积极性是深入实施新时代人才强国战略和创新驱动战略的必然要求,通过建立市场化的人才管理机制,使人才能够按照个人意愿和国家经济社会发展的需求进行合理流动,在尊重人才的前提下实现人才价值的最大化。人才的合理流动能够促进人才资源的优化配置,释放人才创新创业的活力和积极性,市场化的人才流动机制能够保障我国创新体系各要素之间的良性互动,从而为加快建设世界重要人才中心和创新高地,为2035年基本实现社会主义现代化提供人才支撑,为2050年全面建成社会主义现代化强国打好人才基础。

目前,我国在人才的市场化管理机制建设方面仍存在很大的不足。首先,人才流动还存在身份管理方面的制度障碍。目前,我国的户籍制度改革尚没有到位,户籍仍然与个人档案、社会福利等存在一体化的捆绑关系,户籍的迁移程序比较繁琐,限制了人才的自由流动;我国以行政区划为单位进行社会管理,实际上形成了行政壁垒和区域分割,京沪等大城市为了便于管理,采取严格控制人口的城市发展策略,严格限制外地人口在本地落户,虽然也有针对人才引进的专项政策,但仍然有大量的人才不能满足落户条件而被阻挡在外,限制了人才的自由流动和优化配置。其次,我国目前的人才人事管理仍然存在体制内和体制外的区分,拥有编制的体制内人才在福利待遇各方面具有优势,比较稳定,而体制外的市场化人才管理机制则主要以能力、竞争力等决定其收入、待遇。体制内具有编制的工作因其具有稳定性和较高的隐性福利待遇而

吸引了一些高层次人才加入,实际上形成了人才资源的"堰塞湖",造成人才资源的错配和低效配置,形成人才资源的浪费;而体制外的市场经营主体则存在科技创新人才严重缺乏的现象,不利于科技创新强国的建设。最后,我国的人才市场体系建设尚不完善,在人才流动的专业化服务方面存在不足。跨区域、开放式的人才服务机构和体制机制尚没有完全形成,人才的流动存在行政壁垒;人才供需的信息共享机制尚没有形成,人才流动存在信息不对称的问题,一方面容易造成用人单位的人才紧缺,另一方面存在人才的就业难问题,不利于人才资源的优化配置和人才价值的发挥。

为了促进人才的合理流动,实现人才资源的优化配置,2016年,国家出台了《关于深化人才发展体制机制改革的意见》(简称《意见》),突出了人才管理体制的市场化导向,明确提出要充分发挥市场在人才资源配置中的决定性作用,同时要求转变政府职能,建立更加开放和灵活的人才引进、培养和使用机制,打破行政区域的限制,建立人才跨区域流动机制,促进人才资源的合理流动和优化配置。由于户籍、人事关系等身份管理制度是制约人才流动的主要制度障碍,为此,《意见》提出要破除人才流动的体制机制障碍,建立针对高层次人才和急需紧缺人才的优先落户制度;通过人事档案的信息化建设,简化人事关系转移的程序;建立区域间社会保险关系的承接对接机制,通过体制机制的完善,促进人才跨区域、跨体制和跨行业的流动与重组。促进人才的合理流动,还需要建立市场化的人才服务体系,通过人才供需信息的共享实现人才与岗位的高度匹配;市场化的人才服务体系还能够在人才的培养、评价和激励等方面发挥作用。因此,要继续放开人才管理服务市场,放宽人才服务业的市场准入门槛,形成专业化、社会化、市场化的人才管理服务体系,使人才管理体系的发展与经济社会发展需求相一致。

党的十八大以来,我国不断完善人才集聚的体制机制,择天下英才而用之,通过体制机制的变革,推动人才价值和作用的发挥。近年来,我国在人才管理体系的市场化建设方面进行了一些有益的探索。为了吸引人才,各行政区相继出台了针对人才的一系列优惠政策,通过直接落户、提供租住补贴等方式吸引人才。这些集中式出台的人才优惠政策虽然在一定程度上缺乏人才引进的针对性,并可能造成人才资源的浪费等,但在另一个方面也说明了各地政府对于人才的高度重视,在某种程度上破除了人才流动的制度性障碍,推动了人才的市场化进程。此外,我国实行区域发展战略,并将京津冀地区、长三角地区和粤港澳大湾区的协调发展上升为国家战略,区域一体化发展在某种程度上推进了人才的合理流动与市场化管理。如京津冀地区出台了《京津冀人才一体化发展规划(2017—2030年)》,这是我国第一个跨区域的人才发展规划,提出要推动社会保险、教育、医疗等公共服务资源在区域内的共享,并建立人才公共服务跟随机制,目的在于推进人才的合理流动,通过人才竞争力的提升推动区域内科技创新水平的提升。同样,作为重要的国家战略,长三角区域一体化和粤港澳大湾区建设过程中对于区域人才的一体化建设也都给予了高度重视,《粤港澳大湾区人才工作联盟合作框架协议》出台意味着区域之间将基于发展的实际情况,进行人才发展的相关探索,不断完善区域人才的引进、培养和使用机制,推动了区域人才一体化的发展进程,在人才流动、激励和评价等方面为我国人才的市场化管理积累了经验。

第三节 我国人才政策实施的创新性实践

党的十八大以来,在以习近平同志为核心的党中央的坚强领导下,我国的人才强国战略不断取得新突破。尤其是以城市为主体的人才政策创新,通过锚定方向、制订规划、出台系列政策等,不但实现了本地的人才集聚,也在人才引领发展和推动城市能级跃升上探索出了新路子。在一定意义上讲,城市人才政策创新代表了我国人才创新的方向和特点。

一、深圳前海人才政策创新

作为改革开放的前沿,人才在深圳成长过程中起着极其重要的作用。从改革开放至现在,深圳大力实施高质量人才政策,集聚了大量的技术、科技和创新人才,造就了"孔雀东南飞"独特景象。近年来,以前海为代表的深圳市高度重视人才政策创新,通过突出国家人才发展战略,突出市场机制作用,突出深港合作效应,突出人才政策创新,前海成了人才的"磁场效应"不断强化。

(一) 突出国家人才战略

依托国家战略制定符合自身发展需要的人才政策。前海人才突出制度设计,纳入了国家人才发展战略,构建了人才工作大格局,从微观层面实现了国家要求。2010年8月,国务院批复《前海深港现代服务业合作区总体发展规划》,要求前海建立健全有利于现代服务业人才集聚的机制,随后国务院又批复了前海22条先行先试政策,明确提出支持前海建设深港人才特区等内容。2011年11月,中央人才工作协调小组授牌前海成为"海外高层次人才创新创业基地"。2012年,省委省政府在广州南沙、深圳前海、珠海横琴建设"粤港澳人才合作示范区",前海被中央人才工作协调小组列为"全国人才管理改革试验区"。为了贯彻落实中央决策部署,深圳全力统筹推进前海人才工作,先后出台《前海深港人才特区建设行动计划》《关于促进人才优先发展的若干措施》,大力支持前海人才管理改革试验区建设,为前海提供先行先试政策保障。2019年,前海国际人力资源服务产业园揭牌,产业园是落实国家人力资源和社会保障部对深圳人力资源服务产业园的建设要求、加快粤港澳人才合作示范区建设、推动深圳市人力资源服务业国际化的重要举措,旨在引进国际高端猎头等人力资源服务企业,运用国际通行人才遴选机制,打造具有国际一流竞争力的人才高地。[①]

2019年,前海发布《关于以全要素人才服务加快前海人才集聚发展的若干措施》,立足"构建多层次人才政策支撑体系""推进建设粤港澳人才合作示范区""营造人才发展宜居宜业环境""开展国际人才管理制度创新"四个方面,推出20项具体措施。措施出台后,前海将针对人才引进、培养、评价、使用、激励、保障等各个环节,以及人才出入境便利、执业从业、创新创业、合作交流、生活保障等需求提供有效政策覆盖,为前海打造全要素人才服务体系、加快促进人才集聚前海创新发展提供更有力的支撑。未来,前海将以国际人力资源服务产业园为平台,通过"线上平台+线下空间"融合发展模式,利用前海深港合作区与自贸片区叠加政策优势,通过引进港澳及国际知名人力资源服务机构,构建与国际接轨的人力资源服务体系,推动人力资源服务业国际化发展,以产

---

① 刘启达.人才政策激活前海创新之火[N].深圳特区报,2017-10-24(A7).

业发展助力国际人才引进,为前海乃至大湾区社会经济发展提供人才智力支持。①

(二) 突出市场机制作用

依托市场化机制激活人才活力是深圳人才政策创新的基本思路。早在2001年,深圳市机构编制委员会就开始讨论通过法定机构改革激发人才活力的可行性。2011年6月28日通过的《深圳经济特区前海深港现代服务业合作区条例》,其中的第七条明确规定:设立深圳市前海深港现代服务业合作区管理局。前海管理局是实行企业化管理但不以营利为目的履行相应行政管理和公共服务职责的法定机构。随后成立的前海管理局成为全国首个法定机构。前海管理局法定机构模式对推动前海深港现代服务业合作区的统筹发展发挥了重要的作用,也是前海合作区建设的一大亮点和特色。法定机构改革有助于前海建立起灵活高效的用人、薪酬和激励机制,并打破了职位和薪酬挂钩的单一模式。通过设置"管理+专业"两个晋升通道,每个干部可以根据自己的专业特点,选择专业化的发展通道。在薪酬上,市财政按照机关事业单位平均工资1—2倍的标准,根据管理局的员额数量,划拨薪酬总包给管理局,由管理局自行分配,不足部分由管理局自筹。薪酬总包的模式给了前海较大的空间,可以实施市场化激励的手段,干部只要努力、表现优秀,即便是不晋升,也有足够的机会让干部的薪酬得到提升。②

建立市场化、能力导向的用人机制和薪酬体系全面激活了前海的人才活力。一是市场化招聘,通过市场化招聘方式,面向全球公开招聘专业人才,打造一支符合国际一流发展建设需求的专业团队。改革试点所涉及现有机构和岗位的工作人员,可根据个人意愿参与公开招聘,亦可保留公务员或事业人员身份,由组织人事部门统筹安排。二是实行职位分类管理,根据实际需要设置部门和岗位,聘用相应数量和层次的人才,实行市场导向的薪酬机制,其薪酬水平参考市场等因素综合确定,并根据绩效和市场薪酬水平变化情况进行动

---

① 张智伟.前海国际人力资源服务产业园揭牌[N].深圳特区报,2019-12-04(A4).
② 张智伟.前海国际人力资源服务产业园揭牌[N].深圳特区报,2019-12-04(A4).

态调整。对专业化管理服务团队采取市场化薪酬、市场化考核,实现有效的激励,有利于提高服务效率。在这种灵活机制下,前海管理局实现了高学历、国际化人才的聚集,其中,局机关工作人员中拥有硕士研究生(含博士)以上学历的占59%,具有海外留学背景占18%。作为三家局属企业之一的前海金融控股公司,其人员结构的国际化程度更高,硕士研究生(含博士)以上学历占80%以上。[①]

(三) 促进深港人才合作

突出深港青年合作交流是前海人才政策的重要内容之一。对此,前海近年通过建设"前海深港青年梦工场""前海深港创新中心""前海深港基金小镇"等载体,引进大量香港青年到前海创业,香港青年也在前海同样创出了新天地。2021年,《深圳前海深港现代服务业合作区支持人才发展专项资金管理暂行办法》对在前海合作区实习和全职工作的青年给予不同额度的生活补贴,对聘用香港青年达到30人以上的用人机构,一次性叠加奖励20万元。此外,前海还联手香港探索引才、用才新模式,支持深圳重点高校、科研机构、科技企业与香港创新创业主体合作组建人才共同体,发挥两地政策叠加优势,共同引进高层次人才。[②] 随着粤港澳大湾区建设步伐的加快,前海的深港人才合作更加强化。2020年10月14日,习近平总书记出席深圳经济特区建立40周年庆祝大会时强调,要抓住粤港澳大湾区建设重大历史机遇,深化前海深港现代服务业合作区改革开放,要充分运用粤港澳重大合作平台,吸引更多港澳青少年来内地学习、就业、生活,促进粤港澳青少年广泛交往、全面交流、深度交融。据统计,10年间前海深港合作区注册企业增加值增长44.9倍,年均增速高达89.2%。2019年,前海深港合作区经济密度达152.6亿元/平方公里,税收密度达28.5亿元/平方公里,均位居全国同类新兴区域之首。[③]

深港人才合作的关键是为两地人才提供便利的工作和生活环境。在人才

---

① 万健祎.新前海又有大动作![N].证券时报,2021-11-22.
② 刘启达.人才政策激活前海创新之火[N].深圳特区报,2017-10-24(A7).
③ 深圳政府在线.前海10年间注册企业增加值增长44.9倍[EB/OL].http://www.sz.gov.cn/cn/xxgk/zfxxgj/zwdt/content/post_8027788.html.

招聘方面,2021年1月,前海启动"前海港澳青年招聘计划",该计划为常态化设置。《港澳涉税专业人士在中国(广东)自由贸易试验区深圳前海蛇口片区执业管理暂行办法》提出,前海全面放宽限制,对取得香港税务师或澳门会计师资格的港澳永久性居民,允许其执业登记后可免试跨境执业。《深圳前海深港现代服务业合作区人才发展专项资金实施管理办法(征求意见稿)》也提出,对港澳青年从实习、就业、创业予以全链条补贴,对聘用港澳人才的企业也给予用人资助。在财税优惠方面,《深圳前海深港现代服务业合作区人才发展专项资金实施管理办法(征求意见稿)》在人才发展的专项资金使用中,单独设置了"深港人才合作"章节,其他产业专项资金针对港资或港澳台资企业的奖励幅度,也大多是按内资企业扶持标准或上限的1.3倍甚至1.5倍予以核定和执行。

(四)突出人才政策创新

前海立足人才政策先行先试,初步打造了深圳乃至全国的人才试验区,灵活的人才机制激活了前海创新之火,前海初步形成了具有国际竞争力的人才制度优势,人才业态和人才总量初具规模。2021年,深圳市前海管理局与深圳市人才集团在前海签署战略合作框架协议。双方将在高水平打造前海国际人才生态圈、高水平建设前海国际人才港等方面开展深度战略合作,把前海国际人才港打造成为实施深圳人才战略、服务大湾区、面向国际人才的重要平台。通过汇集四大要素、构建国际尖端人才聚集高地,前海国际人才港将围绕"国际、人才、服务、创新"四大要素,构建"线上+线下"服务平台,努力成为大湾区国际尖端人才聚集高地、打造深圳人才服务创新展示窗口。线下打造"人才服务创新综合体",包含国际人才科创中心、猎投中心、高端猎头视频猎招中心、国际离岸人才服务中心、人才大数据中心、才富汇巅峰俱乐部在内的"五中心一俱乐部"国际人才服务体系;线上打造前海国际人才服务"云平台",建设"DT人才街区"等,推动在指尖即可办理各类人才服务事项,完善线上工作室服务。①

---

① 马培贵.高水平建设前海国际人才港[N].深圳特区报,2021-02-25.

聚焦服务政府、服务人才、服务企业三大目标,全面做好国际人才服务,通过提供一站式人才相关服务,提高政务服务效率和营商环境,落实人才优惠政策,专项政策扶持孵化人才企业,成为深圳吸引高层次人才、人才服务创新的展示窗口;通过为在大湾区创业、就业的海内外高级人才提供一条龙服务,减少办事的时间和精力消耗,政策及信息开放透明有利于减少信息不对称,吸引和引进更多人才;通过人才集团的服务与资源加持,共享现代化高科技基础设施,产业链上下游企业联动,达成猎人才、猎技术、猎企业的三猎联动,以及对人才的引进和培训、对技术的遴选和合作、对科创企业的孵化和加速。截至2020年上半年,前海累计有世界500强投资企业324家,内地上市公司投资企业934家,持牌金融机构243家。2019年度,前海实际利用外资41亿美元,占深圳市53.3%、广东省20.5%、全国3%;外贸进出口总额8722亿元,其中前海湾保税港区进出口总额1285.5亿元,在全国14个保税港区中位列第一。[①]

二、杭州余杭人才政策创新

余杭区地处杭州市区西部和北部,位于杭嘉湖平原和京杭大运河的南端,是长江三角洲的圆心地。2001年2月2日,经国务院批准,撤销余杭市,设立杭州市余杭区。近年来,余杭区将自身的发展紧紧同杭州这一互联网创新高峰相联系,通过主动承接来自杭州的资金和人才,使得自身成为受杭州人才季风所惠及的地区。2018年10月,余杭区全区实现生产总值(GDP)2312.45亿元,入选2018年度全国投资潜力百强区、全国科技创新百强区、全国绿色发展百强区。作为阿里巴巴等大型企业所在地,近年来,余杭区委、区政府认真贯彻中央和省、市有关精神,坚持人才优先发展战略,创造了一条以激活市场主体活力为特色的人才引领发展道路。

(一) 突出依托杭州的人才发展战略

明确依托杭州的发展战略框架。为贯彻依托杭州的发展战略,余杭调整

---

① 中国青年网.深圳前海拟推8项利好政策 高层次人才最高可奖720万[EB/OL]. http://news.youth.cn/jsxw/202104/t20210417_12865817.htm.

完善以区委书记任组长、区长任第一副组长的"最高"标准领导小组架构，将全区92个区直单位、镇街平台1 000余人纳入"最全"人才工作体系，明确以各单位党（工）委书记为"第一责任人"的人才工作要求，制定人才工作问题清单、责任清单、项目清单398项，建立区直单位、镇街平台党（工）委书记人才工作述职评议机制，增强党管人才统筹谋划合力。实践中，余杭重点突出四大人才战略。一是着力打造"1+X"的人才集聚平台。二是着力深化"人才＋资本＋民企"的发展特色。三是着力构建"政府主导＋市场主体"的政策体系。四是着力完善"留才＋成才"的人才服务保障。

落实省市人才扶持政策和人才能力提升工程。围绕中央《关于深化人才发展体制机制改革的意见》和省"人才新政"、市"人才若干意见22条"有关精神，余杭以市场化、国际化理念整合提升现有高层次人才培养扶持政策，修订完善余杭"人才新政"，加大培养力度，落实配套措施，努力解决一批区级权限可以解决的"痛点""难点"问题。在具体实施中，余杭重点抓好六个方面工作：一是强化科技示范引领，二是发挥项目引领作用，三是加强科技与金融、人才结合，四是完善科技管理服务体系，五是切实加快公共科技平台建设，六是不断深化政产学研合作。截至2021年年底，全区人才总量达31.18万、占常住人口的近1/4，总量和占比均居省市前列；累计引进及合作"两院"院士和海外院士48名，海外高层次人才4 955名，其中国家级海外高层次人才179名、省级海外高层次人才266名，国家万人计划14名，浙江省领军型创新创业团队16支，数量和质量均位居省市前列。[①]

（二）突出"政""市"合作的人才服务政策

通过体制机制创新做实人才工作。为打造杭州市人才体制机制创新的新高地，2017年8月，余杭区出台《关于实施引才"十百千"工程 进一步打造余杭人才高地的十条意见》（简称"余杭人才新政十条"），对全区人才政策进行整合提升。在"余杭人才新政十条"中，余杭区不再局限于以往与周边地区比拼奖

---

① 杭州市人民政府.余杭区人才工作一年交出亮丽成绩单[EB/OL]. https://www.hangzhou.gov.cn/art/2022/5/13/art_812262_59057166.html.

励力度,而是紧紧围绕需求导向,瞄准"痛点""堵点",在人才创新创业过程中最关心的居留落户、教育医疗、人才住房、社会保障、创业资助、融资渠道、产业转化等体制机制环节提出针对性举措,注重区分人才不同层次、不同类型、不同阶段、不同需求,精准施策,打造人才集聚、创新创业的机制体制优势。[1]

通过"店小二"式服务培育人才。一是健全人才政策服务体系。2018年,余杭发布人才发展生态体系政策"双十条",侧重在人才生活居住方面的后勤保障,为人才提供更精准的人才服务,着力破解阻碍制约人才工作的难点问题。二是强化创新要素对接。紧密结合创新余杭建设,在全区层面开展"服务企业 服务群众 服务基层""服务项目产业化、服务企业促发展"等专题活动,努力搭建人才、资本、名企对接平台,推动人才与资本、资源与智慧的联系与对接,为人才项目产业化落地、市场化拓展打开空间。三是构建全程式创新产业链。在省级梦想基金基础上,建立超100亿元"政府基金+子基金+社会资本"模式的人才项目扶持基金,采取"资助+期权+激励"的运作模式,实现人才项目政府投入资金的循环使用。[2]

(三) 突出市场作用的人才引育策略

实施人才资源市场化配置工程。为激发企业等市场主体在人才优先发展战略贯彻落实中的活力,余杭积极激发市场在人力资源配置中的重要作用,形成企业、科研机构等用人单位为主体引才机制,鼓励和支持用人单位加大对紧缺创新创业人才引进力度。由政府主抓向政府引导、市场主导的人才引育机制转变。做好人才工作不能简单局限于党委、政府的力量,更重要的还是发挥市场在人才资源配置中的决定性作用。为此,余杭区探索创新引才"三法",形成"政府+企业+人才+社会中介"立体引才育才网络,为人才工作注入了强大动力。一是"合作共赢法"强化市场中介引才,二是"需求导向法"强化企业主体引才,三是"朋友圈荐才法"强化人才互荐引才。[3]

---

[1] 王丽娟.解码人才强区余杭的"六边形基因"[N].杭州日报,2017-11-08(3).
[2] 徐坚,励波,许成杰,等.打造人才生态最优区的余杭实践研究[J].山西农经,2019(20):36-38.
[3] 连丹丹.实施"365"战略 余杭争创全省人才生态"第一强区"[N].杭州日报,2016-11-08.

由政府主建向政府、市场共建众创空间打造模式转变。目前,全国上下积极响应中央号召,大力兴建各类众创空间,在这方面,余杭区通过政府抓规划示范、政策引导,鼓励市场做跟进建设、运营孵化,形成了政府和市场共建共营众创空间的特色发展经验。① 2022年,余杭组建了区人才发展集团,融合政府主导和市场机制双向优势,探索人才服务市场化改革,整合各方资源,从供需两端入手,全方位助力人才发展,提升全区人才工作的专业化水平和整体竞争力。②

(四) 突出人才成长的人才生态打造

实施人才发展环境提升工程。围绕杭州打造全国领先、全球知名人才高地的战略要求,余杭区依托杭州市的人才集聚优势,做到服务提前一步,不断完善高层次人才"店小二"式服务,健全人才服务专窗、人才服务例会、项目审批代办服务等制度,为D类以上人才提供"一对一"专人服务。建立完善安家费补助、购房补助、人才租赁住房、租赁补助、企业整体申购五位一体的安居保障举措,为余杭引进培养的高层次创新创业人才及团队提供多元化的住房保障。近年来,余杭发挥"我负责阳光雨露,你负责茁壮成长"品牌服务优势,全面落实"杭帮彩"服务机制,推进一体化人才服务,构建以"长三角人才之家"+"未来大厅"+系列"人才驿站"为载体的"1+1+N"人才综合服务矩阵,实现人才资源要素一体配置、人才服务一站办理、人才政策一门兑现。③

优化人才综合绩效评价。在引才用才环节,余杭区坚持"以用为本"原则,将由杭州吹来的高质量季风落地生根,逐渐从追求人才数量向重视人才质量转变。比如,探索建立"三位一体"绩效评价体系,对处于不同发展阶段的人才项目实施"引入阶段契合度评价""初创阶段推进度评价""产业化阶段贡献度评价"的全程绩效评价。目前,全区海外高层次人才项目中,已有1/3的项目

---

① 郑希均.是什么,造就了这个"全省第一"[N].浙江日报,2017-06-11(10).
② 徐颖,谭琴,唐骏垚.余杭:构建开放活力新生态 打造人才创新核心区[N].浙江日报,2023-01-30(13).
③ 徐颖,谭琴,唐骏垚.余杭:构建开放活力新生态 打造人才创新核心区[N].浙江日报,2023-01-30(13).

成功实现产业化,有效破解以往部分人才"捡到篮里就是菜""一评定终身""拿补助混日子""能进不能出"等难题,筛选出真才实干的创新创业人才将其留在余杭。①

三、江苏昆山人才政策创新

昆山地处长江三角洲东部,东距上海市中心50公里,西邻苏州市区26公里。优越的区位优势使得昆山被上海和苏州创新和经济热带雨林所覆盖,这是昆山发展经济的有利条件,但也容易造成人才往这两个城市流失的弊端。如何让昆山在上海和苏州的热带雨林中长出新高度,成为人才新密林,成为昆山市人才工作的一个重点和难点。十多年来,昆山市抓住产能升级换代的契机,坚持坚持"招才引智"与"拴心留人"并重,深度融入上海和苏州经济圈,在热带雨林人才生态打造方面做出了有益尝试。2022年,昆山GDP总量达到了5 006.7亿元,蝉联中国最牛县级市,经济总量在全国超越了贵阳、兰州等八个省会城市。

(一) 一体化的人才引进品牌战略

以人才特区为抓手突显昆山特色。为深度对接上海和苏州的人才红利,2006年,经江苏省人才工作领导小组批准,昆山市被江苏省确定为六个省级"人才特区"试点工作之一。当时,与北上广等发达地区相比较,昆山的人才底数面临着明显的瓶颈制约。最突出的即是缺少高层次的创新型和领军型人才,缺少同先进制造业和现代服务业发展新方向相匹配的人才,缺少能够适应国际化大型企业的高级技工人才等问题,极大地制约了昆山人才的集聚。为了突破这一现实困境,昆山抓住2008年金融危机制造业压力大的机遇,大力推进人才引领发展战略,从2009年开始积极实施"亿元人才政策",即每年拿出年度财政预算的1%,设立优秀人才和科技专项资金,从而开启了昆山市人才政策结构的不断探索完善之路。

明确昆山自身人才战略。在热带雨林中生存既有优势,也有挑战,为在热

---

① 王丽娟.解码人才强区余杭的"六边形基因"[N].杭州日报,2017-11-08(3).

带雨林中长出自己的高度,2010年,《国家中长期人才发展规划纲要(2010—2020年)》颁布后,昆山紧跟形势,加大政策力度,先后出台昆委〔2010〕47号《关于印发〈昆山市中长期人才发展规划纲要(2010—2020年)〉的通知》《关于大力实施人才生根战略的意见》,规划指导今后一阶段的人才工作。2013年,昆山按照市级财政公共预算收入的6%设立人才科技专项资金,区镇做相应配套,"人才+科技"投入总金额达20亿元,为人才引进和培育构建出完善的工作体系。以特色产业基地等高水平载体,为人才搭建创新创业平台。①

打造昆山自身产业品牌。近年来,昆山抢抓新一轮科技革命和产业变革机遇,大力发展具有优势和基础、代表产业发展方向的战略性新兴产业,开展重大科技攻关,培育壮大光电、半导体、小核酸及生物医药、智能制造四大高端产业。② 近年来,昆山瞄准新兴产业主攻方向,围绕打造光电产业和高端制造两个5000亿级产业,新一代通信、智能网联汽车和新能源汽车、新材料、先进计算、生物医药等五个千亿级战略性新兴产业,航空航天、人工智能、集成电路、数字经济等一批500亿级先导产业,不断做强产业链条、做大产业集群、做优产业生态。③

(二) 全方位服务的人才政策体系

创新党管人才,增强组织引领力。为做好热带雨林中的人才工作,昆山成立产业科创中心建设领导小组,由市委、市政府主要领导共同担任组长,进一步加大人才科创组织推进力度;市级层面组建科创办、科创推进办两个职能部门,区镇层面紧密结合科技招商工作设立专门区镇人才工作机构,配备专职副主任和专职工作人员。与此同时,昆山构建以企业成长为主线的"规模企业—高新技术企业—专精特新和隐形冠军企业—瞪羚企业—自主可控企业—独角兽企业"全链条发展体系,制定出台"高新技术标杆"企业、"隐形冠军""单打冠

---

① 李克海,杭邦华,许筠,等.人才工作的"昆山之路"[J].群众,2015(1):50-52.
② 孙寅.昆山:创建国家一流产业科创中心 助推高质量发展走前列[N].经济参考报,2019-05-10(5).
③ 马萍.昆山因人才创精彩 人才因昆山更出彩[N].昆山日报,2022-02-10(A2).

军""自主可控"企业、"瞪羚""独角兽"企业转型扶持政策。①

注重人才政策研发,增强政策吸引力。昆山充分发挥昆山杜克大学"国际人才蓄水池"、"一带一路"昆山国际先进技术研究院等国际平台作用,实施昆山杜克大学卓越学者计划,鼓励设立海外研发机构和异地孵化中心,并连续5年举办国际创新创业大赛,打响了海外引才创业最顺心、就业最称心、研习最暖心、落户最安心、生活最舒心的"五心"品牌。截至2022年年初,昆山人才总量达48.5万人,高层次人才总量达4.8万人,引育国家级重大人才工程专家146名,数量位居全国同类城市首位,省双创人才152名,省双创团队19个,人才综合竞争力位列全省同类城市前列。②

建立全方位的人才支持体系。一是双创人才计划:个人最高可获得600万元项目资助、200万元安家补贴;用人单位最高可获得500万元奖励。二是双创团队计划:团队最高可获得5 000万元项目资助;个人最高可获得100万元安家补贴;用人单位最高可获得100万元奖励。三是紧缺人才计划:个人最高可获得100万元奖励。四是高技能人才计划:个人最高可获得100万元安家补贴;用人单位最高可获得50万元奖励。五是社会事业人才计划:个人最高可获得100万元奖励和100万元安家补贴;团队最高可获得500万元项目资助。六是外专人才计划:用人单位最高可获得50万元奖励。七是柔性引才计划:个人最高50万元奖励;用人单位最高50万元奖励。八是乡土人才计划:个人不低于5万元和10万元两个层级奖励。并制定了包含行政服务、生活服务、金融服务等,特别像户籍、住房、教育、医疗等保障方面在内的人才政策体系。③

(三) 人性化的人才精准服务网络④

清单式服务。"实"是政府服务的试金石,同时也是助推政府服务模式转

---

① 孙寅.昆山:创建国家一流产业科创中心 助推高质量发展走前列[N].经济参考报,2019-05-10(5).
② 马萍.昆山因人才创精彩 人才因昆山更出彩[N].昆山日报,2022-02-10(A2).
③ 朱新国.双创项目最高可获5 000万元资助[N].苏州日报,2017-03-05(A01).
④ 李克海,杭邦华,许筠,等.人才工作的"昆山之路"[J].群众,2015(1):50-52.

变的推力。在创新人才政策执行过程中,昆山将传统的服务向"人才出题,政府答题"的清单式服务转型。2006年的一天,刘召贵应清华校友之邀到昆山顺道"看看",在市领导会谈过程中,他随口提出了投资落户中可能遇到的员工子女上学、科技投资扶持政策等六方面难题。未曾想,第二天,昆山市委、市政府就召开联席会议,协商解决了这六个问题。"本来以为这份清单会把昆山'吓'回去,可面对这样的诚意,我没理由不来",刘召贵回忆道。天瑞仪器股份有限公司由此落户昆山,创造了5年内由"一间办公室"到"一幢大厦",到"一家上市公司",再到"一个产业园"的"四级跳"奇迹。

情景式服务。"真"是政府引才行动成功的关键,也是服务型政府建设的关键。昆山坚持参照人才需求和国际做法,创新人才发展情景模式,构筑大环境,为人才打造从"落地"到"居住"、从"创业"到"成长"、从"生产"到"生活"的全方位服务链,让人才感受到这里就是梦想中的创业情景,从而对昆山一见钟情。"千人计划"专家马列伟到昆山考察,昆山领导对他的技术和团队如数家珍,并安排专人带其考察办公场地、生活环境。量身定制的梦想环境,温暖高效的政府服务,使得马列伟从考察环境到正式落户,没超过24小时。

恋爱式服务。"亲"是政府在引人感情上的认同,是留住人才的核心。昆山提倡打感情牌,突出恋爱般主动、贴心的服务。如在2010年,为打造分析仪器产业链,昆山将目标瞄准了第一批"千人计划"人才、质谱仪专家周振。出发之前,昆山工作人员全面了解周振公司的现状、面临的难题,随后专门三次飞赴广州与周振当面沟通,提出一份由政府、银行、风投机构三方共同出资的"一揽子"支持计划。收到这份情真意切的"聘礼",周振和他的团队于当年正式"下嫁"昆山。

四、北京中关村人才政策创新

中关村人才特区是我国第一个国家级的人才特区,其建设与发展体现了我国人才强国战略的实施过程。中关村作为一个科技创新创业园区,其发展离不开国家和政府的关注与支持,从最初的"中关村电子一条街"到中关村科技园区,国家和政府出台的一系列科教兴国政策制度体系推动了中关村的发展。

(一) 坚持科技创新人才导向

科技创新人才的培养和发展需要一系列政策的支持,政策创新是中关村人才管理改革的重要内容和方面。2010年年底,国务院同意了中关村关于科技创新和产业化的"1+6"政策改革,为高层次人才的回归与创新潜力的发挥营造了良好的政策环境。"1+6"政策是中关村先行先试人才管理改革政策创新的重要成果,具有重要的推广价值。其中的"1"是指中关村科技创新平台,通过跨部门、跨层次的资源整合,建立协同创新的平台载体。"6"是指六项配套支持性人才管理改革政策,包括科技创新成果转化处置和收益权改革、股权激励政策、税收优惠政策、科研经费分配管理改革试点政策、高新技术企业认定试点政策和建设全国场外交易市场试点政策。

除了"1+6"政策,国家层面先后支持中关村开展了"新四条""新新四条"、两轮人才特区政策、财税政策等80多项改革措施,出台了促进在京高校、央企科技成果转化实施方案、中关村国际人才20条新政等一系列政策,率先落地公司型创投机构企业所得税、技术转让所得税优惠政策试点,持续开展了投贷联动、设立民营银行、企业境外并购外汇管理、企业外债便利化、建设生物医药国检试验区、创新医疗器械应用推广、强化高价值专利运营等改革试点,已有30多项政策复制推广到全国。[1]

(二) 健全人才管理体制机制

人才是科技创新的主体,建立引才、聚才、用才的人才管理体制机制是人才管理改革的重要内容。2009年3月,国务院批复了关于建设中关村自主示范区的建议,要求中关村通过开展股权激励试点、深化科技金融改革创新试点等,支持创新创业组织参与国家的重大科技项目,并在税收方面给予优惠支持,推动中关村成为具有全球影响力的科技创新中心。创新驱动的本质是人才驱动,2011年3月,中央人才工作协调小组和北京市政府协商决定在中关村建设第一个国家级的人才管理改革试验区,并由中组部等15个

---

[1] 北京市人民政府.先行先试 中关村示范区十年建设硕果累累[EB/OL]. https://www.beijing.gov.cn/ywdt/gzdt/202210/t20221011_2833384.html.

部委同北京市政府联合出台了《关于中关村国家自主创新示范区建设人才特区的若干意见》，在特定区域建设人才特区，通过实行"特殊政策、特殊机制、特事特办"的方式，探索建立与经济社会发展需求相适应、与国际接轨的人才发展体制机制；通过引进海外高层次人才，建设高层次人才自主创新平台和创业支持体系，构建与国际水平接轨的科技创新产业环境，并提供完善的人才发展服务体系，实现人才的集聚、体制机制的创新与创新创业的高度活跃。

党的十八届三中全会通过的《中共中央关于全面深化改革若干重大问题的决定》中对人才问题提出了要求，要求建立"集聚人才体制机制"。中关村人才特区在人才的集聚发展方面做出了一些有益探索，为了吸引人才，2011年通过的《关于中关村国家自主创新示范区建设人才特区的若干意见》提出了13项针对高层次人才的特殊政策，对科技创新人才的事业发展和生活保障提出了完善的政策措施，通过在人才特区优先布局和支持一批重大科技基础设施及战略型新兴项目和工程、完善科研经费使用规则等支持创新人才的事业发展，并允许高校研究人员开办企业或兼职到企业进行科技成果转化的研究攻关、为符合条件的外籍人才及其家人提供便利化的居留和出入境服务、为高层次人才直接办理北京户口并为其提供医疗、住房、配偶安置待遇等保障高层次人才的生活。

要建设具有全球影响力的科技创新中心，中关村需要与国际接轨，针对外籍高层次人才建立完善的引才用才制度。发挥外籍人才的科技创新作用，首先要解决好外籍来华创新人才的生活，为此，2016年2月，国务院专门出台了针对外籍人才的《关于加强外国人永久居留服务管理的意见》；2016年3月，在公安部等有关部委的支持下，中关村实施了20项主要针对外籍高层次人才的出入境便利政策，包括开通"绿卡直通车"、设立审批服务窗口等，为外籍人才提供长期居留许可、永久居留等便利服务。2018年，北京市进一步出台了《关于深化中关村人才管理改革 构建具有国际竞争力的引才用才机制的若干措施》，进一步加大了中关村引才用才的国际开放程度，提出了"支持国际人才兴业发展""加强国际人才服务保障"等20条改革新政，使国际人才在中关村能够"进的来""留得下""干得好""融得进"。2021年，中关村科技园区管理委员会发布《关于进一步加强中关村海外人才创业园建设的意见》,提出六大方面17项举措,吸引和支持海外人才到中关村创新创业。

(三) 营造良好人才发展生态

通过建立完善的引才用才体制机制,中关村营造了良好的人才发展生态环境,吸引了一批优秀的高层次创新人才,促进了中关村科技创新成果的涌现,形成了包括"人才、技术、资本"等要素在内的科技成果转化体系。2023年,中关村人才协会在"世界的中关村 人才的地球村"愿景驱动下,以建设高科技人才生态为使命,深耕中关村,服务全球人才。协会汇聚了各个专业领域的产学研用高端人才,成立了中关村人才智库和16个专业委员会,在世界各地建立办公室和联络处,并面向会员(目标会员)集中度比较高的区域各类机构发出共建共享中关村人才生态的倡议。倡议规定,协会对响应以上倡议的联络处,全力支持其发展会员和开展会员服务工作。

截至2022年,中关村人才特区建设稳步推进,聚集外籍从业人员近万人、海归5万多人,本科及以上学历从业人员占比超六成,较2012年提高10个百分点以上。[①] 中关村的人才管理和发展模式为全国其他地方的人才管理改革提供了一个具有较高参考价值的样本,有利于推动我国整体人才管理改革的顺利进行。

第四节 我国人才政策实践面临的瓶颈

习近平总书记指出:"党的十八大以来,我们在改革人才培养、使用、评价、服务、支持、激励等机制方面下了很大功夫,取得了积极成效。同时,人才发展体制机制改革"破"得不够、"立"得也不够,既有中国特色又有国际竞争比较优势的人才发展体制机制还没有真正建立。"[②]综合来看,我国人才政策实践所面

---

① 北京市人民政府. 先行先试 中关村示范区十年建设硕果累累[EB/OL]. https://www.beijing.gov.cn/ywdt/gzdt/202210/t20221011_2833384.html.
② 深入实施新时代人才强国战略 加快建设世界重要人才中心和创新高地[N]. 人民日报,2021-09-29(1).

临的瓶颈主要体现在总体效能不够、政策质量不高、体制机制障碍仍存这三个方面。

一、人才政策的总体效能有待进一步提升

近年来,通过人才政策组合拳的实施,我国的人才资源总量从2010年的1.2亿人增长到2019年的2.2亿人,其中专业技术人才从5 550.4万人增长到7 839.8万人,各类研发人员全时当量达到480万人年,居于世界首位。①但与此同时,我国的人才结构性问题依然存在。

一是高学历人才存在较大缺口。以粤港澳大湾区为例,2020年,在粤港澳大湾区人才需求中博士及以上学历、硕士学历人才需求占比分别为2%、29%,而在人才供给中博士及以上学历、硕士学历人才供给占比分别为1%、19%。②近几年虽然广东高校招生人数在扩大,但是粤港澳大湾区高学历人才仍存在较大缺口。以上海为例,上海大学课题组2017年对2 272人的抽样数据显示:在上海的高学历人才中,大专学历的有933人,达到了高学历人才的四成;拥有大学学历的人数为1 117人,占比接近高学历人才总数的一半;而研究生学历(包括硕士和博士)的人数只有222人,占比也仅为10%。③

二是科技领军创新人才还不够。以全球最为顶尖的诺贝尔奖为例,截至2021年年底,美国共有377位诺贝尔奖获得者,而中国仅有3位,分别是杨振宁、屠呦呦、莫言,真正中国本土培养的自然科学界诺贝尔奖得主仅有屠呦呦。以数学领域的国际最高奖项之一菲尔兹奖为例,自1936年首次颁发以来,全球共有60位科学家获得该奖项,而中国迄今为止还无人获得该奖项。以计算机领域的国际最高奖项图灵奖为例,1966—2020年,图灵奖共授予74名获奖者,以美国、欧洲科学家为主,而中国仅在2000年由姚期智第一次也是唯一一次获得该奖。近年来,面临新的技术革命,我国战略科学家的短板也凸显出来

---

① 深入实施新时代人才强国战略 加快建设世界重要人才中心和创新高地[N].人民日报,2021-09-29(1).
② 邱红艳.粤港澳大湾区建设人才高地的形势和对策[J].人才资源开发,2021(20):6-7.
③ 澎湃新闻.上海市民调查⑥ 被访高学历人才中,硕博学历占比不高[EB/OL]. https://www.thepaper.cn/newsDetail_forward_1990516.

并引发了极大关注。

三是创新成果产出质量不高。虽然《2020年自然指数年度榜单》显示,在不同国家和科研机构在自然科学领域高质量科研产出情况中,美国依然位于首位,中国居第二位,但差距不断在缩小。美国的贡献份额自2015到2019年下降了10%,而中国则增加了63.5%,是增长最快的国家。[①] 但科技成果转化率不高已经成为突出问题,虽然目前学界还没有关于科技成果转化率的权威统计方式,但中国工业经济联合会会长、工信部原部长李毅中在"2020凤凰网财经峰会"上表示,我国的科技成果转化率不高,最高在30%左右,发达国家是60%—70%,我国与发达国家还存在较大差距。[②]

四是国际化人才较为缺乏。目前,美国是排名世界第一的移民目的国,约有1/3的诺贝尔奖得主为外国移民。在位于旧金山湾区的硅谷,非美国本土出生的技术人员占比超过40%,外国籍工程师达到70%,且一半的初创公司企业家为外国移民。[③] 但全球化智库(CCG)、西南财经大学发展研究院、社会科学文献出版社发布的《2017中国区域国际人才竞争力报告》显示:中国国际人才竞争力总体水平不高,得分第一的上海竞争力指数也仅刚过及格线,中国国际人才比例远低于世界平均水平。再以上海为例,上海市人民政府公布数据显示,2021年在沪工作的外国人达21.5万,占全国的23.7%,居全国第一,[④]但仍不足上海常住人口数的1%。

二、人才政策的总体质量仍要进一步优化

随着我国进入城市引领高质量发展的新阶段,由人口规模带来的经济增长效应、科创酝酿效应等被各大城市重新认识,一场不见硝烟的人才争夺战近年来在各大城市间上演,传统一线城市如北京和上海,新一线城市如成都、武

[①] 2020自然指数年度榜单出炉[N]. 中国科学报, 2020-04-30(1).
[②] 中华网财经. 李毅中:中国科技成果转化率仅为30% 发达国家达60—70%[EB/OL]. https://ishare.ifeng.com/c/s/v002W7wPEhvz9XL0Vx0gMHfW--_jhR1HCD0mwSlH16xuh-_I_.
[③] 李楠,刘晓琪,时芸婷. 粤港澳大湾区人才高地建设中的问题及对策建议[J]. 广东经济, 2021(4):42-49.
[④] 上海市人民政府. 上海引进外国人才数全国第一,在沪工作外国人占全国逾23%[EB/OL]. https://www.shanghai.gov.cn/nw31406/20210302/4ed13975209b41dc97d87950932f5ae2.html.

汉、西安等都相继加入了人才竞争的大军之中。各地纷纷使出浑身解数,释放"政策红利",启动百余项计划、出台多项政策措施来加大人才吸引力。[①] 然而,人才政策质量仍存在不少短板。

一是人才政策制定同质化问题严重。目前,各地在政策制定方面尽管遍地生花,但政策内容过于"同质化",存在雷同和照搬,政策优势落入"财大气粗"的俗套,其表现是缺乏对人才的整体性研究和认知,即大部分政策文件只照搬一线城市的相关条例,缺乏结合当地特征、有针对性的"引子"。[②] 以购房补贴为例,有研究发现,各地在广纳英才的道路上可谓是不遗余力,长沙对硕博研究生给予购房补贴,南京实行3年住房租赁补贴,郑州对"双一流"高校毕业生及硕博研究生给予购房补贴,南昌对毕业5年内首次购房硕博研究生给予购房补贴,武汉大学生买房"八折",再到呼和浩特的大学生毕业3年内可半价买房政策。2017年至2019年,主要城市引进人才政策横向比较可以发现,不同城市的人才政策具备层级明显、政策趋同的特点。[③]

二是人才政策执行落实不到位。目前,各地人才发展的社会环境制约明显,人才管理部门监管不完善,偏重人才的"引",忽视有质量的"留",人才政策落实不到位的情况经常发生。无论是党政机关,还是用人单位,在与人才接洽的"恋爱期",以及人才初来的"蜜月期",都能做到贴心周到的服务。然而时间一长,这份热忱就大打折扣。近年来,人民网的领导留言板反映了不少人才政策多年无法落实的困境。如一位"双一流"硕士到河南省驻马店市工作四年,承诺的优惠政策一直没落实到位。当事人反映,驻马店市先后引进三批"双一流"硕士人才,每次只有政策,未见落实。[④] 山东省临沂市沂水直单位的一名公职人员也反映,其2012年通过"百名高层次人才"引进计划来到沂水,根据所学专业分配到企业挂职锻炼,直到2015年10月。2015年11月统一调配至县

---

① 孙锐.构筑新时代人才发展治理体系[J].人民论坛,2019(26):58-60.
② 孙锐,孙雨洁.青年科技人才引进政策评价体系构建及政策内容评估[J].中国科技论坛,2020(11):120-128+146.
③ 梁清云.浅谈人才政策同质化的问题、成因及建议——以购房优惠政策为例[J].人才资源开发,2019(20):12-14.
④ 人民网领导留言板.人才引进了,人才引进政策一直落实不到位[EB/OL].http://liuyan.people.com.cn/threads/content?tid=9221377.

直单位工作,但直到2021年年初,当初承诺的政策一直未给予兑现。①

三是人才政策协同程度不高。目前,人才政策在协同方面仍然存在条块分割、区域分割的问题。基于行政条块体制的城市本位主义观念依然占主导地位,城市之间人才竞争多于人才协同,城市人才发展缺少更大视域的大局意识和整体观念。有研究对广州的调研也发现:党政负责人及人才工作者认为当下人才工作存在主要问题有"缺少统一协调,合力不够"(59.3%)、"缺乏行业、产业环境"(38.9%)和"缺乏战略规划"(38.4%);人才认为主要问题有"缺乏人才发展的良好环境"(48.3%)、"缺少统一协调,形不成合力"(46.3%)和"缺少人才投入"(38.1%);用人单位管理人员认为主要问题有"缺乏人才发展的良好环境"(43.4%)、"缺少统一协调,合力不够"(42.2%)和"缺乏行业、产业环境"(39.0%)。总体而言,人才工作者、人才和用人单位管理人员都认为广州市人才工作存在的最主要问题是统筹协调力度不够,人才工作合力有待进一步加强。②

三、人才政策的制度障碍还需进一步突破

党的十八大以来,以习近平同志为核心的党中央坚持以"放权、松绑"为重点,着力打通人才流动、使用、发挥作用中的体制机制障碍,推出《关于深化人才发展体制机制改革的意见》《关于深化项目评审、人才评价、机构评估改革的意见》《关于完善科技成果评价机制的指导意见》等一系列政策举措,中国特色人才制度优势进一步彰显,但对标习近平总书记对深化人才发展体制机制改革的新要求,我国人才政策的制度障碍仍需突破。

一是人才政策授权改革不到位。习近平总书记在中央人才工作会议上指出,人才怎样用好,用人单位最有发言权,当务之急是要根据需要和实际向用人主体充分授权,真授、授到位。目前,在人才管理中仍然存在行政化、"官本位"等问题,并集中表现在行政部门权力集中却没有用好,

---

① 人民网领导留言板.人才引进政策不落实,损害政府公信力[EB/OL]. http://liuyan.people.com.cn/threads/content? tid=7183583.

② 中国人事科学研究院课题组.广州市人才发展体制机制改革效果评估报告[R].2019.

用人单位没有权力被制度禁锢。对于行政部门而言,人才工作协调机制、工作咨询机制、决策机制不够健全,职能部门协调配合不到位;各职能部门、各单位之间在人才的培育、使用、管理、引进、提升等方面存在着比较大的差异,有些工作开展得很不均衡,被动应付;人才工作目标考核责任制没有很好地落实,不同程度存在走形式现象,导致没有把"第一把手抓第一资源"的要求落实到位是主要问题。对于用人单位而言,编制束缚导致人才引进受到束缚,审计报销制度牵制科研人员大量时间和精力,科研管理制度有悖科研发展规律。

二是人才激励保障机制不完善。习近平总书记在中央人才工作会议上指出,长期以来,一些部门和单位习惯把人才管住,许多政策措施还是着眼于管,而在服务、支持、激励等方面措施不多、方法不灵,没有遵循人才成长规律和科研规律。如事业单位的绩效工资在很大程度上制约了人才活力的迸发。事业单位实行绩效工资管理后,一些高层次人才集聚或高端人才引进需求大的单位,建立富有激励效应的收入分配模式难度较大。同时,随着"双一流"的快速发展,高校引进的高层次人才日益增加,一些引进人才由于薪酬水平较高,进编后计入绩效工资总量会挤占其他人员绩效工资额度。另外,绩效工资年度调整幅度较低,事业单位难以有效激励人才,也不利于整体队伍稳定。[1]

三是人才评价政策体系不合理。首先是科技创新能力难以凸显。以科技人才为例,当前科技人才评价主要是着重于已取得的论文、专著、专利、项目等科技成果进行评价,但仅依靠过往科研成就评价科技人才,这对于科技人才的整体创新能力和水平无法实现全方位评价。[2] 其次是评价程序科学性不足。目前,人才评价主要是由政府部门及其下属事业单位开展,由第三方专业人才评价机构开展评价工作的少之又少,评价的标准、程序及评价过程中或多或少都会受到政府机关单位的干预与影响,进而无法确保公平、公正。最后是评价体系不健全。人才评价需要将成果评价、道德品质、学习能力等结合起来进行

---

[1] 汪怿.推进更深层次的人才体制机制改革[J].科学发展,2019(8):18-27.
[2] 姚占雷,陈红伶,许鑫.科研人才分类分级评价研究[J].西南民族大学学报(人文社科版),2020(6):234-240.

全方位立体化评价,人才若道德品质不端正、个人价值观扭曲,即使拥有优秀的科研创新能力,其所产出的科研成果也未必对社会发展有着正面的推动作用,而这方面的评价还没有引起重视。①

---

① 张辉菲.广东省科技人才评价政策问题分析与对策[J].科技和产业,2021(8):130-133.

第四章　我国人才政策评估的现状

党的十八大以来,中央和地方协同配合打好政策组合拳,为各地区和各主要城市实施人才引领发展奠定了坚实基础,我国的人才政策总体开始呈现出新的高潮。人才政策评估是政策评估理论在人才政策实践中的应用和拓展。自国家人才强国战略实施以来,我国的人才政策评估实践也如火如荼地展开。但在实践中,当下人才政策评估还面临着"评估主体"和"评估过程"的短板,以及评估方法的短板,即评估方法使用不当和新方法应用不够。

第一节　我国人才政策评估的实践探索

人才政策评估是政策评估理论在人才政策实践中的应用和拓展,自国家实施人才强国战略以来,以中国人事科学研究院为代表的科研团队对人才政策评估进行了较多的研究与实践。

一、国家人才中长期规划专项评估[①]

(一) 评估概述

《国家中长期人才发展规划纲要(2010—2020年)》(以下简称《人才规划纲

[①] 主要参考资料:吴江.人才优先发展战略[M].北京:党建读物出版社,2015;吴江,等.人才强国战略概论[M].北京:党建读物出版社,2017.

要》)提出了"建立《人才规划纲要》实施情况的监测、评估、考核机制,加强督促检查"的要求。为全面深入了解《人才规划纲要》的贯彻实施情况,推动人才发展规划的深入贯彻落实。2011年,原中央人才工作协调小组办公室委托中国人事科学研究院吴江研究员领衔的研究团队,会同全国人才领域的相关专家组成60人的评估组,在全面贯彻落实全国人才工作会议精神和国家中长期人才发展规划纲要的开局之年,对《人才规划纲要》实施情况进行了评估。这是新中国成立以来第一次在全国层面上,由第三方机构进行的人才强国战略规划实证评估工作,在此领域具有开创性的意义。

(二) 评估方法

此次评估主要包括"相关单位自评、实地调研访谈、问卷调查、专家评估分析"四个阶段。在自评阶段,中央人才工作协调小组办公室发出通知,要求各省、自治区、直辖市党委组织部和中央国家机关各部委党组,认真开展人才发展规划实施一周年的情况总结,经过两个月的总结、调研和评估工作,31个省、自治区、直辖市及新疆建设兵团党委组织部和48个中央国家机关各部委党组均提交了总结报告和有关数据统计调查情况。在实地调研访谈阶段,评估组对北京、上海、吉林、山东、广东、湖北、陕西、四川八个省市和中央统战部、农业部、教育部、科技部、卫生部、国资委六个部委进行了重点调研,召开了64个座谈会,共计座谈访谈了1 100多位各类人才代表和人才工作部门的同志,实地考察16个典型单位。在问卷调查阶段,课题组对10类专业技术人才(简称"专业人才")共发放调查问卷24 000份,回收有效问卷23 748份;对两院院士、国家"千人计划"人选、"百千万人才工程"人选、教育部"长江学者奖励计划"等高层次人才(简称"高层次人才")共发放调查问卷3 900份,回收有效问卷460份。[1] 在专家评估分析阶段,评估组对结果各项评价数据进行了系统分析,形成了地方评估子报告、系统评估子报告,并在此基础上,结合统计数据分析形成了总评估报告。

---

[1] 特别说明,由于课题组没有通过官方正式通知被调研的高层次人才,再加上这些专家普遍较为忙碌,故问卷回收率较低,但460份也已达到了研究需要的数量。

人才政策评估的数字化方法

　　课题组在系统梳理已有人才战略(规划)监测评估研究(中国社科院课题组,2007;桂昭明,2002;王通讯,2008;孙锐,王通讯,任文硕,2010)的基础之上,结合 Shadish(1998)的公共评估模型,提出了我国人才战略规划实施效果评估构架模型和基本思路。一是建立国家人才战略规划评估机制,以《人才规划纲要》提出的"服务发展、人才优先、以用为本、创新机制、高端引领、整体开发"24字方针为指引,结合中央和各地实施情况,建立"常态"监测与"暂态"评估相结合,"短期评估"与"中长期评估"相结合的规划实施效果监测评估体系。二是建立国家人才战略规划评估机制,引入"多元化"评估主体,在充分考虑人才利益相关群体的基础上,建立内部评价和外部评价双向互动的公共绩效评估模式。三是对人才战略规划实施效果开展监测评估,建立一套科学、可行、国际可比的评价指标体系。四是建立国家人才战略规划评估机制,健全相关制度、办法,完善相关法律法规,保障评估工作有章可循,有法可依。五是强调建立国家人才战略规划评估机制,最终要落实到强化规划绩效管理能力建设上。

　　课题组对人才战略规划实施效果的考察主要从"监测"和"评估"两个方面着手,在其内容框架上可划分为横向和纵向两条主线。在横向上,分别对战略规划活动、战略规划产出进行考察评估;在纵向上,主要利用贯穿于国家人才规划实施过程始终的一条主线:"关键统计指标"将对活动的监测和对产出的评估有机串联在一起,固化对国家人才规划监测评估的常态手段。其中,纵向上偏重于"监测",横向上偏重于"评估"。而"监测"重在基于关键指标来收集数据、观测数据,强调过程监控;"评估"重在基于监测活动来处理数据、研究数据,强调结果判断。评估的基本思路是要在"常态"监测的基础上,开展阶段性的"暂态"评估。

　　横向上,对"人才战略规划活动"方面的重点考察内容包括:10项重大政策、12项重大人才工程、党管人才体制、人才特区建设和五方面体制机制创新推进状况,以及人才发展投入、人才发展环境建设等相关内容。对"人才战略规划产出"方面的评估内容包括:人才规划工作及人才发展推动经济社会发展状况,即战略规划对社会经济发展的贡献度和影响力;人才自身发展状况,包括六支人才队伍的发展状况,人才专业化水平的国际可比性,各类人才群体及社会公众对规划实施和人才发展的满意程度;人才市场的成熟度水平,即市场是否在人才配置中发挥出基础性作用等(参见图4-1)。

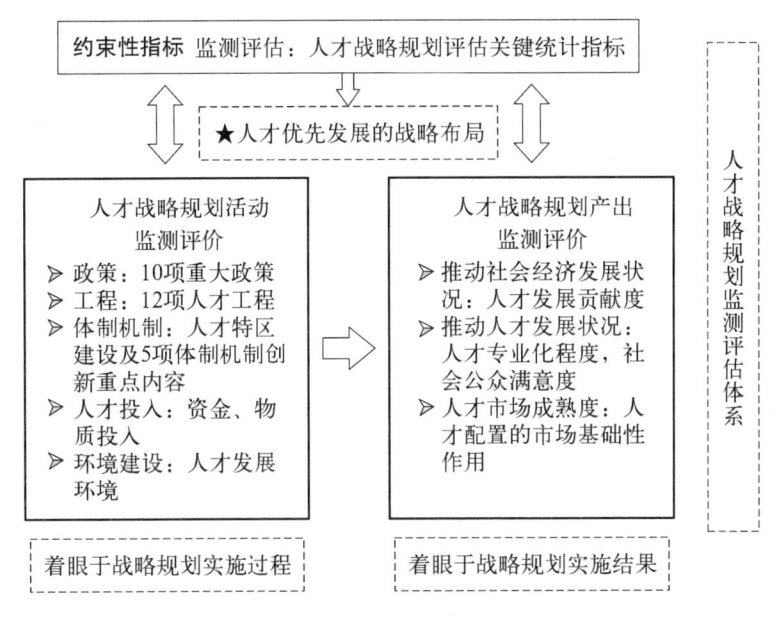

```
约束性指标 监测评估:人才战略规划评估关键统计指标
                    ↕         ↕
                  ★人才优先发展的战略布局

    人才战略规划活动              人才战略规划产出
      监测评价                    监测评价
  ➢ 政策:10项重大政策          ➢ 推动社会经济发展状
  ➢ 工程:12项人才工程             况:人才发展贡献度
  ➢ 体制机制:人才特区          ➢ 推动人才发展状况:
    建设及5项体制机制创           人才专业化程度,社
    新重点内容                     会公众满意度
  ➢ 人才投入:资金、物         ➢ 人才市场成熟度:人才
    质投入                         配置的市场基础性
  ➢ 环境建设:人才发展           作用
    环境

  着眼于战略规划实施过程        着眼于战略规划实施结果
```
（人才战略规划监测评估体系）

图4-1 人才强国战略规划监测评估的核心内容

图片来源:吴江.人才优先发展战略[M].北京:党建读物出版社,2015;吴江,等.人才强国战略概论[M].北京:党建读物出版社,2017.

在纵向上,通过建立相关统计指标体系对规划实施相关数据状况进行动态掌握。"关键统计指标"主要用于对国家人才规划贯彻落实的基本动向、基本状况进行连续性监测。其中关键指标要能够反映人才规模、人才结构、素质水平、人才投入和人才效能等五个主要方面的进展和变动情况。在国家人才规划提出的43个基本指标基础上,课题组可以研究设计若干复合指标,建设相关管理信息系统,实现对人才发展动态数据的收集和状态反映。基于以上统计指标实时监测系统,考察在战略规划实施过程中,人才基础性、战略性作用的发挥程度,以及人才资源优先开发、人才结构优先调整、人才投资优先保证、人才制度优先创新是否实现或者在多大程度上实现,对国家层次上人才优先发展战略布局的形成状况给出基本的判断和评价。

(三）评估发现议

评估组认为，一年来，在中央人才工作协调小组的推动下，一系列重大工程项目稳步推进，一系列重要政策措施陆续出台，人才发展规划提出的理念和目标逐步具体化、项目化，人才是科学发展第一资源、人才优先发展的理念深入人心，人才规划贯彻落实工作进展良好、成效显著。但同时，一些地方和部门也存在落实规划不够平衡问题，主要表现为"四热四冷""四多四少"，即"政府热、用人单位冷；上面（中央、省、市）热，下面（县市区）冷；组织部门热，其他部门冷；人才增量热，人才存量冷""创新人才多，创业人才少；政策创新多，机制创新少；资金投入见物多，人员经费投入少；领导推动工作多，法制保障人才少"。

评估组认为，就构建人才发展规划绩效评估的长效机制而言，对为什么要监测评估，监测评估什么，由谁来监测评估，怎样进行监测评估，结果如何使用等基础性问题需要展开前期研究。中央人才协调小组宜及早增加投入，加强队伍培训，建立起相对稳定的专职机构和人员队伍，开展相关指标体系及相关方案设计。建议设置中央、省（区市）两级监测评估系统，由中央人才协调小组授权第三方专业机构开展监测评估工作；人才及人才工作相关数据信息面向社会公开，加大社会、专家了解和监督的透明度；各地方各系统应形成年度监测报告制度；监测评估应将自评和他评相结合，主观数据与客观数据相结合，引入多源数据分析评价，用数据和事实说话等。

评估组认为，为进一步推动人才规划各项任务深入落实，建议：第一，分类别、有重点地加强对不同社会群体科学发展人才观的宣传普及力度。第二，加大一线人才期待值高但满意度低的重点难点政策破解力度。及时把成熟的经验上升为制度规范，为人才发展营造良好的体制机制环境。第三，加大人才发展统筹推进力度，特别注意激发激活"存量"人才。第四，进一步加强党对人才工作的领导，加快实行人才工作目标责任制，抓好全局性问题调研、综合性政策论证、跨部门工作统筹，不断提高人才工作科学化水平。第五，加快人才立法工作，推进人才发展制度化、法制化。

第四章 我国人才政策评估的现状

二、国家科技中长期规划中期评估[①]

(一)评估概述

2013年,经国务院同意,科技部会同相关部门组织开展《科技规划纲要(2006—2020年)》实施情况中期评估,中国人事科学研究院吴江研究员领衔的课题组受委托承担"人才队伍建设专题评估"。此次评估的目标是:全面掌握《科技规划纲要》实施情况,客观评价纲要实施以来我国自主创新能力的变化,及时发现规划执行中存在的突出问题并分析原因;根据新的发展形势和需求,深入贯彻党的十八大关于创新驱动发展的战略部署,提出下一步推进纲要实施的对策,包括重大任务部署和重大政策措施的充实调整建议;通过开展评估,推动政府转变职能,加强宏观引导,凝聚社会共识,进一步推进科技体制改革和创新驱动发展战略实施。

(二)评估方法

本次评估主要步骤包括"专题评估、地方评估、国际咨询、三院咨询"四项工作,并在此基础上完成总体评估。其中,专题评估是围绕《科技规划纲要》中的国家科技重大专项、重点领域和配套政策等方面的任务部署,设立20个评估专题,分别成立专题评估组开展评估。地方评估是在全国范围内遴选部分科技实力领先,科技支撑引领经济社会发展成效显著的北京、江苏、湖北、四川、辽宁、青岛六个典型省市,开展地方评估工作,以全面了解《科技规划纲要》在全国范围内的实施进展以及我国区域创新能力变化。国际咨询是通过各种形式广泛收集海外专家学者对中国科技发展的观点和意见,从国际视角审视中国科技发展。在全球范围内遴选约400位了解中国科技发展的专家学者开展问卷调查,广泛了解国外对中国科技发展的基本评价。三院咨询是充分发挥国家思想库的积极作用,邀请中国科学院、中国工程院、中国社科院开展咨

---

① 参考资料:《国家中长期科学和技术发展规划纲要(2006—2020年)》实施情况中期评估工作方案;吴江研究员领衔的《国家中长期科学和技术发展规划纲要(2006—2020年)》实施情况中期评估——人才队伍建设专题评估组报告:吴江,等.人才队伍建设专题评估报告[R].2014;吴江.建设世界人才强国[M].北京:党建读物出版社,2017.

询,对专题评估、地方评估和国际咨询的主要结论进行咨询,形成三份咨询报告,进一步保障各项评估工作和评估结论的权威性、可信性。最后,在专题评估、地方评估、国际咨询和三院咨询的工作基础上,专家组围绕中期评估框架开展总体评估,针对《科技规划纲要》实施和我国科技发展的重大问题进行深入研讨,开展必要的深入调研,凝练观点,形成总体评估结论和总体评估报告。

第一部分:部署实施。主要评估《科技规划纲要》中各专题领域部署的实施情况,对实施程度做出判断;对于没有实施或明显实施不足的内容,以及我国近年来实际开展的科技活动及采取的政策措施与《科技规划纲要》的部署相比已经出现的重大调整,分析原因并做出合理性评价;梳理各专题领域实施《科技规划纲要》的机制及途径,并对这些实施机制及途径的充分性、有效性做出评价。这个阶段要回答的关键问题包括:《科技规划纲要》关于本专题领域的部署在多大程度上得到了实施?实践中是否有实施不足的内容或出现了重大调整?原因是什么及合理性如何?本专题领域实施《科技规划纲要》的机制和途径有哪些?这些机制和途径是否充分、有效?采用的评估证据包括:国家科技项目数据、相关制度和政策数据等,典型事件、专家观点。

第二部分:效果和影响。主要评估各专题领域自《科技规划纲要》实施以来产生的变化,尤其是相应的产业和科技领域创新能力的提高情况,各政策措施领域的环境优化情况等;评价遴选各专题领域具有标志性的重大科技与产业化成果,以及效果显著的重大政策措施,通过深度评价,总结有益经验;从支撑引领产业发展、服务社会事业、应对重大危机、促进政府职能转变和完善市场经济体制等整体层面评价各专题领域对国家发展做出的贡献,及其产生的国际影响。这个阶段要回答的关键问题包括:本专题领域的总体进展和目标实现情况如何?对2020年本专题领域的发展目标实现程度有何预期?本专题领域是否取得了标志性的重大成果或实施了效果突出的重大政策措施?有哪些有益的经验?本专题领域总体上对国家发展做出了哪些贡献?产生了哪些国际影响?采用的评估证据包括:统计、文献计量及其他相关数据,重大成果或政策措施,利益相关者观点,专家观点。

第三部分:需求和挑战。主要评估世界经济科技发展对各专题领域提出的新挑战,以及我国经济社会发展新阶段对各专题领域提出的新需求;分析制约各专题领域在未来实施中产生更好效果和影响的因素。这个阶段要回答的关键问题包括：世界经济科技发展当前呈现出哪些新趋势，对本专题领域提出了哪些新挑战？我国经济社会发展当前呈现出哪些新趋势，对本专题领域提出了哪些新要求？本专题领域要产生更好的效果和影响，存在哪些制约因素？采用的评估证据包括：相关数据、国家政策、利益相关者观点、专家观点。

第四部分：调整充实建议。在部署实施评估、效果和影响评估、需求和挑战评估的基础上开展综合分析，特别是针对当前面临的重大科技决策问题，提出各专题领域需要重点调整突破的关键技术或需要完善的重大政策措施建议，以及新形势下我国推进科技改革发展的建议；针对"十二五"后期和"十三五"科技发展规划，提出各专题领域需要重点调整和发展的优先主题或需要重点强化的政策措施。这个阶段要回答的关键问题包括：继续实施《科技规划纲要》，本专题领域有哪些重大科技任务或重大政策措施建议？或对我国的科技改革发展有哪些总体性建议？在"十二五"后期和"十三五"规划编制中，优先科技领域和政策措施有哪些？采用的评估证据包括：利益相关者观点、专家观点。

（三）评估发现

评估组认为，《科技规划纲要》实施以来，科技部与有关部门着眼于科技事业的长远发展和人才强国战略的总体要求，切实加强科技人才队伍建设，推动科技人才工作取得了重要进展：科技人才工作成为实施人才强国战略的重要组成部分；加强了科技人才工作的战略部署和顶层设计，形成有序衔接的全国科技人才规划体系；基本形成中央地方衔接的科技和创新人才政策体系；覆盖产学研的科技和创新人才计划体系成为落实纲要的主要路径；七个领域政策环境显著改善。

评估组认为，《科技规划纲要》实施以来的科技人才队伍建设取得了显著成效：建立起一支总量居世界首位的科技人才队伍，截至2012年，科技人力资源总量和R&D人员数已跃居全球首位；科技人才队伍的水平和能力稳步提升，涌现出一批具有世界水科学家和研究团队；企业科技人才数量不断攀升；星火计划在培养农村实用人才方面成效显著，农村科技特派员工作顺利推进；

从中央到地方出台一系列配套政策、措施,吸引一大批海外优秀人才来华服务、工作;在企业科技人才聘用、培养、流动和激励等方面出台配套政策、措施并取得一定成效;教育在创新人才培养中作用凸显,重点实验室、重点学科等成为创新人才培养的重要载体,积极探索协同创新、院所合作等新型人才培养模式;创新文化环境建设持续推进,创新人才成长环境逐步改善。

评估组认为,面对处于转型期的国内形势、全球视角下的国外形势以及科技人才开发工作及科技人才自身的需求,需要调整实施《科技规划纲要》的重大人才战略,确立科技人才的核心地位,在科技工作中贯彻落实我国人才发展的指导方针;加快转变人才发展方式;全面深化科技人才体制改革,使市场在科技人才资源配置中起决定性作用,加快形成具有国际竞争力的人才制度优势;强化科技人才工作,建设科技人才工作体系。从长期来看,"十三五"时期要确立科技人才优先发展的战略布局,深化科研院所改革,建立现代科研院所制度,发展高端现代人才服务产业,实施国家知识产权战略,制定《国家科技人才发展促进法》,建立中国技术移民制度,海外华人绿卡发放制度,进一步明确科技人才工作机构的职能,完善科技人才工作机构建设。从近期来看,"十二五"后期要贯彻落实《国家人才规划纲要》与科技人才相关的队伍建设任务、政策和工程,让企业成为用好用活人才和技术创新的主体,深化改革,大胆引进国内外行之有效的好经验、好做法,构建开放型的科技人才新体制,改革科学技术奖励体制,优化科技人才评价政策,改革院士制度,扶持科技人才创新创业。

三、地方性重大专项人才政策评估[①]

(一)评估概述

2008年以来,广东省开始实施"珠江人才计划",省财政先后投入17.73亿元,分三批引进57个创新科研团队和49名领军人才,聚集1000多名高层次人才。随着引才工作的深入推进,适时开展对引进创新科研团队和领军人才

---

① 参考资料:吴江,蔡学军,范巍.地方重大人才工程实施绩效第三方评估研究——以广东省"珠江人才计划"评估为例[J].第一资源,2013(5):1-10.

绩效的第三方评估工作,对探索建立重点人才工作的监测与评估机制,全面推进引才工作科学化具有重要的理论和实践意义。2013年,由吴江研究员领衔的中国人事科学研究院课题组受广东省委组织部委托,通过信息采集、问卷调查、访谈座谈、实地考察和引进人才自评等方式对广东省引进创新科研团队和领军人才政策进行评估。

(二) 评估方法

根据评估工作的目的要求和引进人才的特点,课题组采用的评估方法包括信息采集、问卷调查、同行专家评议、访谈座谈、实地考察和引进人才自评等。一是信息采集。系统采集创新科研团队和领军人才的基础信息,内容包括引进人才的基本信息、工作情况、团队现状、专业情况、主要绩效等。本次评估收回创新科研团队和领军人才信息采集表62份。二是问卷调查。运用360度评估(360°Feedback)和平衡计分卡(Balanced Score Card)的设计思路,课题组在评估中对人才发展环境、人才引进和支持工作力度、引进人才的职业发展水平以及工作生活满意度等进行问卷调查。调查对象既包括引进的创新科研团队核心成员和领军人才本人及其家属,也包括其国内同事和用人单位管理人员。本次共收回有效问卷4 762份,其中创新人才问卷225份,创业人才问卷145份,国内同事问卷3 727份,用人单位管理人员问卷665份。三是实地访谈座谈。以引进人才的区域分布为依据,课题组以市为单位,分为中直、省直、广州、深圳、东莞、佛山、汕头等8个评估组,每组负责约8个创新科研团队和8个领军人才的访谈、座谈。每个评估组由3—4名专家组成。评估共召开座谈会110余次,接受访谈或参加座谈的各类人才代表有1 000余位。四是专家评估。按照引进创新科研团队和领军人才的技术领域,课题组在评估中共邀请10名院士、7名"千人计划"人选和"长江学者"等国家级专家组成6个专家评估组。评估专家组参照国际通行的"同行评议"方法独立开展,重点对引进团队和人才的成长性、技术产业化前景以及与广东经济社会发展战略目标契合度进行评估。

按照《中共广东省委、广东省人民政府关于加快吸引培养高层次人才的意见》(粤发〔2008〕15号)和实施"广东珠江人才计划"的目标,课题组在广泛征求意见的基础上,综合运用公共政策评估、绩效评估、创业环境模型、人—环境匹配、预期理论、心理契约、360度评估、平衡记分卡等理论和技术,构建了评估工作理论分析框架,建立了人才工作绩效评估指标体系(共9个一级指标,37个二级指标,约90个三级指标)。其中,匹配性评估主要针对创新创业团队和领军人才的现实工作状态,包括"客观绩效和主观感受"2个一级指标,13个二级指标,重点关注引进人才履约情况和现实绩效。适应性评估主要针对高层次人才发展环境以及用人单位对引进人才的使用情况,包括"经济社会环境、人才政策环境、珠江人才计划支持力度、组织氛围和团队环境"等4个一级指标,14个二级指标,重点关注人才发展环境条件及引进人才对人才政策创新重要性和满意度评价。成长性评估主要针对创新创业团队和人才的技术先进性或产业化前景,包括"学术和技术领先性、技术和产业发展前景、与未来经济社会发展契合度"等3个一级指标,10个二级指标,重点关注引才工作对实现广东未来经济社会发展战略目标的引领作用。

(三)评估发现

评估组认为,广东省"珠江人才计划"实施成效明显。引进人才层次高,到岗情况较好,在引进的370名团队核心成员和领军人才中,具有博士学位330人,占89.2%,86.8%的引进人才具有海外经历,其中外籍人士占46.2%;科研成果丰硕,部分成果达到国际先进水平,引进团队和领军人才来粤后合同预期专利申请总量为1 063个,目前已实现申请总量1 293个,实现率121.6%,预期论文发表总量1 610篇,已实现总量1 261篇,实现率为78.3%;产学研相结合,成果转化目标和产业化预期稳步推进,引进团队和领军人才来粤后累计实现成果转化211项,创新人才(5 832.4万元)和引进团队(9 235.5万元)带动相关产业均值显著高于创业人才(1 882.3万元)和领军人才(263.2万元);"以才引才、以才育才"效应显著,引进团队和领军人才开展工作后,集聚高层次人才2 292人,核心成员由初创期的403人,增长到目前571人,增长率达到41.7%;引进人才与经济社会发展契合度较好,用人单位整体满意度较高,在对引进团队和领军人才"跟未来经济社会发展契合性"的评价中,技术专家量化评价得分均值为24.7分;引才工作社会影响大,引进人才对工作生活满意度评价较好,问卷调查结果表明,90.7%的引进人才、82.7%的国内同事、92.5%的用人单位管理人员认为实施"珠江人才计划"有必要或非常有必要,在"引进高层次人才"和"培养本地人才"两个方面发挥了重要作用。

评估组认为,广东省"珠江人才计划"实施中也面临短板。一是区域分布差异较大,创业人才比例较低。评估发现,总共3批引进的57个创新科研团队和49名领军人才中除1名在汕头外,其他引进团队和人才都分布在珠三角地区;引进团队和领军人才中创新人才多,创业人才少。二是"重技术、轻市场"现象依然存在,产业化意识和推进力度需要进一步加强。评估发现,在"珠江人才计划"实施中,创新人才目前主要由大学和科研院所引进,部分创新人才对成果转化的意识不强,也缺乏市场化营销经验。三是部分人才政策体系需进一步完善。评估发现,引进团队和领军人才对部分人才配套政策重要性满意度差值较大;其中,创新人才重要性满意度差值最大的三项是"资助科研项目力度""知识产权保护程度"和"创业启动资金支持",而创业人才差值最大的三项是"税收政策优惠程度""知识产权保护程度"和"法律法规执行力度"。四是引进人才工作和生活环境有待进一步优化。评估发现,24.89%的引进人才认为"珠江人才计划"存在"优惠政策很难兑现"问题,尽管70%引进人才家属理解和支持人才来粤工作,但跟随来粤人数较少。

评估组对广东省"珠江人才计划"的优化实施提出了建议。一是强化合同管理和项目管理。建议进一步细化量化合同目标任务,建立健全重大人才工程监测与评估指标体系。加强对长期引进人才项目的跟踪管理,完善年度考核、中期考核和终期考核制度。二是加大引进人才成果产业化扶持力度。加强对引进人才创业意识和创业能力辅导和培训。研究建立知识产权管理制度,加强对引进人才成果应用、转化和保护力度。探索建立政产学研相结合、多元投入、专业化和集成化服务的创新创业人才孵化体系。三是加大政策创新力度。完善引进人才的评审办法,在做好对人选学术技术水平评价的同时,运用测评技术、履历技术等人才测评方法,着重考察引进人才的创新创业能力。四是加强人才服务力量,提高人才服务水平。进一步加强人才服务队伍建设,建立健全工作协调机制,成立联席会议,整合各方力量,为高层次人才提供更加专业、便捷、高效的服务。

第二节 我国人才政策评估的理论探讨

人才政策评估作为公共政策评估的重要组成部分,除了政府部门委托的政策评估实践之外,相关学者也对其开展了不少的研究和探索。综合来看,已有人才政策评估实践的主要方法包括定量评估、定性评估和试验评估三种方法。

一、定量评估方法

定量方法是人才政策评估中最常用的方法,基本的步骤是依据相关政策导向和政策目标确定评价指标体系,通过问卷调查或已有统计数据查询填充数据,通过数据计算形成评估结果。

中国人事科学研究院课题组(2008)在《实施人才强国战略跟踪与评估的理论和方法研究》的基础上,进一步研究论证、调整完善了用以评价人才强国战略实施效果的指标体系,在国内首次探索应用该指标体系作为实证研究分析工具,对人才强国战略实施情况进行了实证分析。根据《中共中央国务院关于进一步加强人才工作的决定》的内容和精神,课题组将"人才规模建设、人才环境建设、人才效能建设"确定为评价标准的一级指标。将人才数量、人才素质、人才结构,经济效能、科技效能、社会效能、人才成长发展环境、人才生活保障环境、人才就业创业环境确定为二级指标。将公务员人数、专业技术人才数、企业经营管理人才数、高技能人才数、机关职工人数,城镇单位专业技术人员数,各地区高等学校普通本、专科在校学生数,高技能人才数、从事科技活动的科学家和工程师人数、从事科技活动的人员数、各地区就业人员受教育程度构成、大专及以上人口占6岁及以上人口比重、城镇单位制造业就业人数、城镇单位制造业专业技术人员占制造业就业人员比重、国有单位职工人数占总职工数比率、第三产业就业人员在就业人员中的构成、人均和全部国有及规模以上非国有工业企业总资产贡献率、各地区大中型工业企业新产品产值占工业总产值比重、各地区技术市场成交额、国内各地区三种专利授权数、收录论文数、文盲人口占60岁及以上人口的比重、各地区国家财政性教育经费占比重、各地区研究与试验发展经费内部支出占比重、各地区高等学校机构数、职工平均实际工资指数、各地区城镇居民家庭平均每人全年消费性支出、地区养老保险参保职工人数、各地区私营企业投资者人数、人才流动服务机构数、人才流动服务机构从业人员数等作为三级指标。通过层次分析方法,对各级指标进行赋权,选取2002—2006年数据(部分数据为2003—2007年)对人才强国战略实施情况进行了实证分析,并提出了相应的评估对策建议。[1]

杨河清、陈怡安从"引得进、留得住、用得好"三方面建立了海外高层次人才引进政策效果的评价指标体系,以中央"千人计划"为例进行了实证,并从政策投入—产出角度对"千人计划"政策实施效果进行了评价。从成本—收益角度衡量,国家"千人计划"政策实施效果总体上是收益大于成本,目前运行状况良好。从成本—收益角度看,在国家的大力投入和支持下,"千人计划"政策最终获得了净效应,表明国家"千人计划"政策运行效果良好。但从各因子具体得分情况看,"千人计划"引才政策的投入成本较高,数值上接近直接产出效应值,说明在资金投入方面需要进行调整。"千人计划"引才政策未来的调整方向是加大对创业型海归人才的引进力度,强化对全球一流人才的引进工作,通过实施差异化的地方引才政策,使海归回流到最需要他们到中西部地区。[2]

张光虎基于地方政府分权的背景,以评价大连市高新区人才政策效果为目标,构建了包括人才资源开发和人才环境改善两个一级指标的人才政策评估指标体系。在具体操作上,人才资源开发由人才数量、人才创新能力、人才经济效益构成,用对比分析法测量;人才环境改善由公共服务设施和文化认知构成,其中公共服务设施用空间可适性测量,文化认知用政策对象评估法测量。通过实证评估,研究者得出了大连市高新区人才政策对人才数量的变化产生了积极的影响以及人才创新能力的提升缺乏内在动力和可持续性的结论。研究者认为,大连市人才政策对于改善园区人才效益,优化园区人才开发产生了积极作用,但是现实效果并不显著。[3]

---

[1] 李维平.人才强国战略实施评价实证研究[J].第一资源,2010(3):25-59.

[2] 杨河清,陈怡安.海外高层次人才引进政策实施效果评价——以中央"千人计划"为例[J].科技进步与对策,2013(16):107-112.

[3] 张光虎.地方分权背景下的高新区人才政策评估[D].大连:大连理工大学,2013.

人才政策评估的数字化方法

　　李锡元、陈俊伟在参考《中国省域竞争力蓝皮书》基础上，构建了包括"万人科技活动人员""人均年科研经费支出""高新技术产业增加值""高新技术产业增加值占GDP比重"及"万人发明专利授权数"这五项指标的园区科技竞争力指标体系，评估了武汉光谷、北京中关村、苏州工业园人才政策的效能，发现三大园区的人才引进政策效果显著，人才保有量大大增加，但是在人才管理环节还存在一些问题，人才利用效率有待提高，人才的规模效应及产业转型的贡献还不明显。①

　　陈子晔采用定性和定量相结合的研究方法，编制人才政策量化标准表，对苏州市2009—2019年的政策文本量化赋值。首先，测量人才政策协同状况，测算并分析政策目标、措施、目标和措施之间的协同度高低；其次，评估人才政策协同效能，构建政策协同效能评估指标体系，建立量化模型，评估人才政策协同对提升引才成效的作用。研究发现，第一，苏州市人才政策协同性总体良好，但各项指标协同度不均衡。政策目标中，人才吸引和投入与激励占比较大，培养与开发、管理与评价占比较小，相关指标协同度也较低；政策措施中，经济、住房补助、服务及其他措施占比较大，培训和考核措施占比较小，相关指标协同度也较低；政策目标与措施协同中，措施滞后于目标的发展进度。第二，苏州市人才政策协同效能总体良好，但存在部分协同效能失效，制约引才成效的提升。产生这些问题的原因包括：苏州市人才政策目标定位缺少长远性、全局性，政策内容盲目模仿，部分条款与本地区的实际脱钩，政策措施落地执行的基础不扎实，政策的制定和实施缺乏评估。针对上述问题，研究者提出了三条人才政策协同效能的优化路径，包括：推进人才政策目标措施协同发展、建立人才政策有效落地的配套机制、完善人才政策评估机制。②

二、定性评估方法

　　定性方式是政策评估中经常用到的方法，尤其是对一些难以准确定量分析的政策而言，通过政策执行者、政策受众的座谈了解政策运作情况和结果，

---

　　① 李锡元,陈俊伟.国家级高新区人才政策效能评估——以武汉光谷、北京中关村、苏州工业园为例[J].科技和产业,2014(7)：114-120+156.
　　② 陈子晔.苏州市人才政策协同：测量与效能评估[D].苏州：苏州大学,2020.

通过文本分析了解政策设计情况,经过专家议定给出评估结果,这是定性评估的常见步骤。

陈莎利、李铭禄以国内七个城市颁布的人才政策为样本,对经济发达地区人才政策内容进行了比较。研究发现,各地区的人才政策差异主要在于"福利性政策"的力度和吸引人才类型偏好,而各地区"发展性政策"的差异则相对较小。在福利性政策的基础上,立足于满足人才的发展性需求,正在经历着由福利性政策向发展性政策的转变。然而,发展性政策尚未能充分满足人才的核心需求,因此,结合发展性政策存在的问题,研究者提出了强化发展性政策应该着重关注改进职称职务评审体系,建议实行职称复合制;增强人力资本存量投资,扩大受众范围的建议。[①]

吴江、张相林将海外人才政策分为奖励性、保障性和发展性政策三个方面,以分别解决"引得进""留得住"和"用得好"的问题。通过对北京、上海、广州、深圳、天津、苏州、无锡、武汉、重庆、西安10个城市的政策文本分析,认为各地出台的引进海外高层次人才政策存在引才目标地区差异不大、奖励性政策"不理智行为"突出、发展性政策创新空间大的问题。并进一步认为要从四个方面出发实行更加开放的人才政策,深化引才引智工作体制改革,不断完善国外人才引进体制机制。一是要解决引进人才和智力工作与创新驱动发展战略的严重脱节问题。把引才引智工作纳入国家自主创新和创新发展战略中去,国际人才合作交流是我国实施创新驱动发展战略的薄弱环节,亟待加强部门间的协同协作创新。二是要解决宏观管理职能统筹不够,过于分散,政策碎片化的问题。三是要制订完善引进、使用、管理外国人才的法律法规,抓紧制定技术移民法以及相关法律,营造更加良好的法治环境。四是要解决好政府与市场配置人才资源的关系。[②]

李燕萍等采用内容分析法对中关村和东湖高新区2009年以来的46项人才政策进行研究。运用政策编码、文本分析方法,从人才政策制定与效力评

[①] 陈莎利,李铭禄. 人才政策区域比较与政策结构偏好研究[J]. 中国科技论坛,2009(9):107-111.

[②] 吴江,张相林. 我国海外人才引进后的团队建设问题调查[J]. 中国行政管理,2015(9):78-81.

价、人才政策价值与政策环境、人才政策工具三个方面对两地的人才政策内容进行了评价。研究发现,第一,示范区人才政策逐步增长,政策体系完善;人才政策制定以单部门为主,少有部门间的协同,尚未形成政策"合力";人才政策管辖力度较大且明确,为政策落地提供了行动指南。第二,人才政策价值取向聚焦于人才队伍的综合建设,中关村的人才政策已逐步向关注特定人才群体的差异化、精细化需求转变。第三,示范区人才政策环境变化较缓慢,中关村更强调人才政策的时效性,而东湖高新区则稍显滞后。第四,人才激励与人才保障依然是示范区人才政策的重点,人才培养与人才流动则较缺乏政策关注;中关村已通过人才评价工具塑造公平的人才发展环境,而东湖高新区仍在强化人才引进政策工具的应用。第五,示范区人才政策中的引进、培养、激励、流动、评价及保障等六大政策工具均呈现携手发力的局面。第六,示范区人才信用机制、激励和约束机制的新探索体现出示范区注重人才诚信自律、主动融入的价值走向。①

邱文君基于"放管服"的大背景,运用政策文本分析方法对天津科技人才政策执行进行了认真梳理评估,通过横向比较和纵向分析,深入探讨了天津科技人才政策的优势与不足,进而就如何提升科技人才政策执行效能提出了科学建议。研究认为,在"放管服"的背景下,天津市的科技人才政策在完整性上表现较好,但是部分领域的人才政策仍存在时效性不强的问题,政策创新度方面也没有充分发挥地方的主观能动性,政策制定的强度与含金量都有待进一步加强。②

刘亚娜、董琦圆、谭晓婷从政策工具视角对2013—2018年京津冀三地政府出台的区域和地方性人才政策文本进行内容分析,以剖析政策目标导向及政策工具类型、数量、内涵等差异。研究者基于二维分析框架,对应京津冀协同发展与人才一体化建设要求,从提升人才质量、扩大人才规模、加强人才流动、促进人才效益四个维度,反思三地人才政策实施规律、模式策略与创新机

---

① 李燕萍,郑安琪,沈晨,等.国家自主创新示范区人才政策评价——以中关村与东湖高新区为例(2009—2013)[J].武汉大学学报(哲学社会科学版),2016(2):85-89.
② 邱文君."放管服"背景下科技人才政策研究——以天津为例[J].科技与创新,2018(20):6-8.

制,评估京津冀人才政策的工具运用与选择偏好。研究认为,当前,京津冀地区虽在地理上紧密相连,但由于城市发展定位、经济发展基础水平和条件、行政区划、政策保障等方面的差异,区域人才发展及结构不平衡。从未来发展来看,契合京津冀协同发展的目标,成功地运用政策工具,可以实现价值理性、制度理性和工具理性的自洽与耦合。应基于"强主导、重定位、深优化、力创新"的路径完善京津冀三地人才政策,在协同发展视角下进行适应性的策略调整。[①]

三、试验评估方法

试验方法(或准试验方法)是近年来逐渐兴起的人才政策评估方法。随着计量经济学、统计学、政策试验等学科研究的深入,建立数理模型、确定研究对照组、开展算法优化等开始被应用到人才政策评估过程中。

谢科范、刘嘉、闻天棋基于武汉市科技人才政策的"引进—培养—使用"三维度模型,建立系统动力学模型来研究武汉市科技人才政策的执行效果。在这个模型中,人才引进速率受到若干因素的影响,并直接导致人才数量变化;人才成长速率受到多个因素的影响,并直接导致人才质量的改变;成果产生速率受到人才数量、人才质量以及其他因素的影响,并最终决定成果总量;成果总量中只有一部分可以真正用到实际生产中,并受到政府成果转化政策的引导,这两个因素共同影响成果转化速率,并最终决定政府科技收益量。研究认为,从系统动力学的数学原理可以看出,待遇承诺、工资增长、待遇兑现、成果奖励和经费支持五个辅助变量不断变化的。所以,它们对各个变量的影响显著高于其他辅助变量或常量。研究阐述了武汉市科技人才政策的总体框架和发展趋势,通过建立系统动力学仿真模型,对各类科技人才政策执行效果进行了仿真分析。仿真结果表明,人才数量、人才质量、成果总量和科技收益等都会由于科技人才政策的执行而提高,但是各政策的具体执行对最终结果的影响力度会有差别。另外,促进科技成果转化为实际科技收益的政

---

① 刘亚娜,董琦圆,谭晓婷.京津冀协同发展背景下人才政策评估与反思——基于2013—2018年政策文本分析[J].天津行政学院学报,2019(5):47-58.

策也很重要。①

王宁等基于因子分析和DEA模型对河南省2011—2015年科技人才政策实施成效进行评估,评估结果显示,不同年份河南省科技人才政策实施成效有显著差异,2011—2015年科技人才政策整体实施成效较好,但2014年和2015年有减弱的趋势,人才政策实施的规模效率也呈现先上升后下降的趋势。研究者在此基础上,提出了完善科技人才政策的运行机制、完善科技人才政策体系以及优化科技人才政策综合环境等相关建议。②

周海燕、鲍祥生以广东省科技人才政策为研究对象,在王宁等人研究的量化评估方法的基础上,进一步优化评估方法,引入熵值法进行更加客观的数据处理,并采用超效率DEA分析法,对效率评价值为1的单元进行比较研究。研究者收集了2008—2017年共十年间的科技人才政策进行效果评估,采用的数据主要来源于中国统计年鉴、中国科技统计年鉴、科技部官方网站、广东统计年鉴、广东科技年鉴、广东科技统计年鉴、广东科技统计网站公开的数据。在评估过程中,研究者运用超效率DEA评估模型方法,分析了广东省科技创新人才政策的平均技术效率、规模效率和纯技术效率。研究认为,广东省2008年以来的10年间,科技创新人才政策整体效率表现为技术无效(62.71%);这种技术无效又表现为纯技术效率有效(104.90%),规模效率无效(54.25%)。研究表明,广东省2013年以后在科技创新人才政策的颁布、实施和贯彻落实上是做得比较好的,其技术无效主要来源于投入规模不合理,没有达到规模经济,并由此造成规模无效。即广东省的问题不在政策的执行,而在政策本身。要优化政策的制定,需要通过完善政策体系结构才能提高政策规模效率。③

商勇、丁新兴基于科技创新投入和科技创新产出的二元视角,构建了包含政策投入、资源型、成果型、转化型等在内的科技创新人才政策评价指标体系,

---

① 谢科范,刘嘉,闻天棋.武汉市科技人才政策效果仿真分析[J].科技进步与对策,2015(14):92-97.
② 王宁,徐友真,杨文才.基于因子分析和DEA模型的河南省科技人才政策实施成效评估[J].科学管理研究,2018(4):69-72.
③ 周海燕,鲍祥生.基于熵值法-超效率DEA分析法的广东省科技人才政策效率评价研究[J].时代经贸,2020(27):84-86.

运用 DEA-Malmquist 分析法对郑州市科技创新人才政策实施效果进行评估。通过静态结果分析、动态结果分析,再结合政策文本分析,研究者建立了科技人才政策的匹配模型。研究发现:郑州市近10年的人才政策效率不高,且不同年份的实施效果存在差异;郑州市属于"技术效率不变,技术进步"类别,其技术效率制约了政策的投入产出效率,且政策效果的持续性不强。研究认为,郑州市近年来对科技创新人才的关注力度在加大,且政策制定由多部门参与,政策制定的协同性较高。在此基础上,研究者提出了完善科技创新人才政策的运行机制、评价体系以及加快科技创新人才服务设施建设等建议。[①]

第三节 当前我国人才政策评估的短板

作为人才政策流程的重要一环,近年来人才政策评估的研究和实践,通过为决策者提供政策执行和政策结果评估的实证数据,在一定程度上推动了人才政策的不断优化。但从已有的评估实践来看,我国当下的人才政策评估在"评估主体、评估过程、评估方法"方面仍然存在短板。

一、人才政策评估主体方面短板

人才政策评估的主体主要包括相关政府部门、第三方评估机构、人才政策利益相关者。政府主导评估的专业性不足,第三方评估机构的独立性不够,政策利益相关者的参与程度不高,这些短板会导致人才政策评估的科学性、客观性和精准性受到影响。

政府主导人才政策评估虽然强化了评估过程的可控性,但也带来了评估科学性不强的问题。政策评估主体是政策评估的执行者,一般可分为官方评估组织和非官方评估组织两种类型。在政策体系运作过程中,我国公共政策评估的主体长期以来都是以政府机关即官方为主,呈现出评估主体单一的总体特征。在人才政策评估过程中,由组织部等政府部门主导的评估一方面强

---

① 商勇,丁新兴. 基于 DEA-Malmquist 模型的科技创新人才政策实施效果评估[J]. 统计理论与实践,2021(10):37-42.

化了评估过程的可控性,并在此过程中保障了人才数据的安全性,尤其是避免了人才国际竞争中的不必要麻烦;但在另一方面,政府主导的评估往往更侧重于强调政府自身都做了什么事情,采取了什么措施,投入了多少资源等,但对于人才政策给人才群体带来多大效用,以及人才政策的总体效应如何,却往往提及甚少,这就使得政策评估的效用大打折扣。

第三方人才政策评估专业性虽然有所提升,但独立性不够也导致了政策评估结果不够客观、全面的问题。由于我国地方政府之间,以及地方政府各部门之间存在着事实上的晋升竞争机制,各级政府和各部门出于"政绩"考虑往往会对政策评估避重就轻,并由此导致评估的客观性和全面性受到影响。在人才政策评估过程中,近年来,不少政府部门也开始尝试委托第三方专业机构开展政策评估,相关的评估结果对于推动人才政策创新也产生了良好的推动作用。但在这一过程中,负责人才政策的制定和执行,以及委托第三方机构进行评估的政府部门都是同一部门,评估结果不好往往意味着对人才工作部门工作的"否定",这种潜在的压力也导致部分第三方专业机构在评估中不敢做到完全的客观和全面,第三方独立、专业、全面评估的初衷被大打折扣。

人才政策利益相关者参与积极性不高且程度不够,导致政策评估的数据质量面临信度和效度问题。公共政策的最终绩效体现在政策目标群体和利益相关者的福利增进和公共问题的解决程度上,随着行为公共管理理论的兴起,以感受度和满意度为核心的政策评估客观上也要求政策利益相关者要参与其中。但在实际的人才政策评估中,一方面,由于人才政策利益相关者的参与积极性不高,按照设想确定的人才群体意愿和利益表达渠道在事实上存在运作不畅的问题,由此导致人才政策评估的过程中政策利益相关者的参与不足;另一方面,在政策结果评估中,由于确定样本框、科学抽样、获取样本数据存在事实上的困难,不少人才政策评估的采样都采取了相关部门摊派的方式推进,再加上缺少开放式的建议收集机制,由此导致数据结果难以客观反映人才政策利益相关者的真实情况。由人才政策利益相关者群体特征导致的政策评估数据质量不高是影响人才政策评估信度的重要因素之一。

二、人才政策评估过程方面短板

人才政策评估过程需要一整套完整的操作体系支持。但从已有实践来看,缺少法定的程序与规范,制约人才政策高质量发展的体制机制制约长期得不到解决,人才政策绩效标准确定的实际困难,这些是人才政策评估过程面临的短板。

缺少人才政策评估的法定规范与程序,人才政策评估偏重于政策结果而对政策制定和执行关注不够。近年来,虽然政策评估的研究者一再呼吁建立全过程的综合评估模型,但在实际的执行中,已有的人才政策评估仍然更多集中在政策绩效方面,而理论界所呼吁的全流程评估则很少落实。一方面,由于人才政策评估缺少法定程序和规范支持,全过程的评估模式需要的大量数据支持、资金支持,再加上第三方评估机构的全程跟踪难以保障到位;个别人才工作部门对于政策评估的态度也是随意性较大,有时甚至觉得其可有可无,或将其视为应付上级检查和审计的一种方式,这也导致评估往往是更关注结果。另一方面,由于缺少法定程序与规范,再加上人才工作本身具有一定的敏感性,在一个相对闭环的政策环境之下,由第三方实时掌握人才政策数据进行评估存在安全风险,但相关政府部门又大多不具备相应的技术能力,由此使得前置评估和全过程评估无法落地。

制约人才政策高质量发展的体制机制制约长期得不到解决,人才政策评估的原因剖析浮于表面化。公共政策的目的是解决特定的公共问题,这也意味着对于公共政策的评估不仅要看政策内容本身是否得到了及时准确的执行,更重要的是这项政策是否达到了预期值,并对社会产生了什么影响。因此,关注政策执行的过程和结果是政策评估的关键所在。但在已有的人才政策评估过程中,由于制约人才政策高质量发展的体制机制制约长期得不到解决,一提再提之后就变成了"老生常谈",由此导致现有的人才政策评估更加侧重于对政府做了什么的梳理,或者是对政策执行结果的客观描述,而较少地从更深层次挖掘制约政策绩效的体制机制因素。尤其是在一些长期困扰人才工作的瓶颈性问题方面,人才政策评估对于深层原因分析的缺失,大大降低了其对公共政策制定的指导作用和影响力。

人才政策绩效标准确定的实际困难，使得人才政策评估面临复杂因果关系之下的绩效测量困境。人才政策作为一项典型的激励性增量公共政策，其具有非常强的交叉性、叠加性、综合性、不确定性等特征，这就给人才政策绩效标准的确定带来了实际的困难。一方面，由于人才政策过程是簇状政策因素之下的簇状结果，这也使得政策因果链条的确定困难和绩效测量面临难题。如所谓的人才引进政策、人才培育政策等虽然看似具有一定的针对性，但对于政策目标群体而言，其之所以到这个地方，或者取得某项成就，并不是政策中所列举的相应因素，而是综合因素的结果。另一方面，由于人才政策更多的是鼓励创新人才和创新成果，而创新本身就具有不确定性和长期性，这也使得对于政策绩效衡量的时间跨度确定造成困难。比如诺贝尔奖经常奖励的就是几十年前的成就，短期则很难凸显其价值。

三、人才政策评估方法方面短板

根据不同的评估需求选定合适的评估方法是保障评估质量的关键。人才政策评估的常用方法包括定性方法、定量方法和试验方法等，但在实践中，这些方法的滥用也在很大程度上影响了政策评估的信度和效度。

定性评估方式使用不当导致人才政策评估的科学性不足。在政策评估中，定性评估的方法相对简单，通用性较强，无论是哪方面的公共政策都可以通过定性方法来评估。更为重要的是，当一些政策无法衡量具体成效时，采用定性评估的方法可以通过价值判断的方式来解决依据和支撑不足的问题。但在人才政策评估中，过多地运用定性评估方法也往往导致评估受到政府官员个人素质和政治气候的影响，甚至是评估者自身的价值观也会掺杂其中，由此导致评估的科学性降低。例如组织和人社部门可能会直接通过召开座谈会等方式，请相关的人才使用主体派出部分代表座谈，以此获得与评估相关的资料，并直接将意见汇总形成评估报告；也有第三方评估机构会通过查阅组织部门、人社部门、公安部门、住建部门等的工作总结来提炼人才政策的成效，再辅之以一两个座谈会，并在此基础之上直接形成政策评估报告。这种完全脱离政策利益相关者的定性方法乱用，导致了政策评估的科学性和全面性不足。

定量评估方法使用不当导致人才政策评估的精准性受到质疑。随着公共政策研究中对于循证决策的不断重视,定量评估使用不科学也导致政策评估的基础数据采集和政策结果的精准性受到挑战。从理论上来看,人才政策评估的定量方法常用步骤包括理论选择、指标确定、数据获取、数据计算。但在实际的人才政策评估执行中,评估框架确定缺少理论支撑、指标确定随意性大且含糊不清、数据获取抽样不科学、数据计算方法选择不当等,这些都是人才政策评估定量方法常见的问题。更有甚者,不少第三方评估机构并不是针对某一人才政策从头到尾开展一次完整的政策评估,而是机械地将其他指标套用到新任务上,或者"拿着锤子找钉子",这样所谓的定量研究实际上并没有依靠客观数据说话,由此导致人才政策评估的科学性和客观性难以得到保证。

新评估方法的应用不够导致人才政策评估难以满足实践新需要。人才政策评估严重依赖统计数据,严重依赖座谈和问卷,严重依赖人员投入的人才战术,这是已有人才政策评估研究和实践的几大特征。近年来,以准试验方式和试验方法为特征的计量方法和仿真方法,以及基于数字化工具的大数据方法开始大量被学界所关注,并在一定程度上得到了相应的应用。但从北京、上海、广东等人才政策先行地区的实践来看,已有的人才政策评估主要还是依赖召开座谈会和问卷调查的方式开展,也即所谓的定性与定量相结合的混合方法,而对于数字化转型的新方法发展回应不够。这一方面是因为新方法对于数据的质量要求更高,而对课题委托部门以及课题组提出了较高要求;另一方面是新的政策评估方式应用仍然局限于政策的一个方面,其对复杂政策回应全面性不够的短板也使得其应用范围受到了限制。但与此同时,人才政策评估面临的实际问题也需要借力于新技术方法来着力突破。

四、人才政策评估的双重制约

自身体制机制不健全。人才政策评估作为公共政策评估的实践应用,其不可避免地面临着我国当下公共政策评估的普遍短板,即独立的第三方评估不够,评估的政策利益相关者参与程度不高,评估缺少法定制度安排,评估随意性大且不够严谨,评估的科学性方法应用不足等。这些是我国在治理体系和治理能力现代化的制度探索中需要着力突破的制约。

新技术方法应用不足。人才政策评估作为人才工作的重要一环,其也面

人才政策评估的数字化方法

临着由于工作敏感性而导致的数据采集困难,由于政出多门而导致的因果关系判断困难等。更为重要的是,虽然不少学者已经就治理的数字化转型进行了较多讨论,且上海、深圳、杭州等地已经开始了政府治理的数字化转型尝试,但总体而言,人才工作的数字化程度依然较低,这也极大地限制了我们对于政策效果的实证判断。

总体来说,我国的人才政策评估面临着"自身体制机制不健全"与"新技术方法应用不足"问题的双重困扰。全面贯彻落实中央人才工作会议精神,深入实施新时代人才强国战略,加快建设世界重要人才中心和创新高地,需要创新方式方法,加强对人才政策的评估,从而为更高质量的人才政策制定、执行、修订提供依据,助力新时代人才强国战略目标的实现。因此,顺应数字化转型的趋势,研究人才政策评估的数字化方法,用新技术突破已有政策评估的制度瓶颈,打造人才治理的新模式势在必行。

第五章　人才政策评估的数字化方法新模式

政策评估是旨在为政策的变化、改进、制定提供依据的一种政治行为,通过特定的标准、方法、程序,对政策的效益、效率、效果以及价值进行判断。[①] 面对汹涌澎湃的数字化浪潮,建设数字政府,推动治理方式方法的数字化转型已经成为政府治理创新的重点努力方向之一。人才政策作为深入实施新时代人才强国战略的重要抓手,需要抓住数字化转型的机遇,探索人才政策评估的数字化方法新模式,并在此基础上推动人才治理的数字化转型,以此全面提升我国的人才工作绩效。

第一节　公共政策评估的数字化方法研究进展

政策评估是提高公共政策质量、改善政府管理水平、推进政府行政改革的重要手段。从已有研究和实践来看,传统的评估方法主要有两类:一类是现场调研考察,选取与公共政策相关的不同层次的利益相关方,通过访谈座谈、问卷调查、文档查阅、实地考察、专家打分等方式,形成评估报告;另一类是建立统计分析模型,运用多种数理经济模型和计量经济模型,对公共政策进行量化评估,通过数据分析对政策实施进行量化评估。近年来,随着互联

---

① 陈振明.公共管理学——一种不同于传统行政学的研究途径(第二版)[M].北京:中国人民大学出版社,2003:103.

网技术的迅速发展,海量的数据积累为政策评估的数字化应用打下了坚实的基础。[①] 运用数字工具开展政策评估的数字化方法开始兴起并在一定范围内得到运用。

一、政策评估数字化方法的发展应用

大数据时代的到来对人类的日常生活、企业管理、政府治理都产生了越来越大的影响,如何运用数字工具的方法及其成果,探索人类行为、企业管理、政府治理的新机制也成为重要的研究主题。公共政策评估是政策过程中必不可少的关键环节,也是国家治理现代化的重要组成部分,这也意味着,数字化工具不可避免地会对公共政策评估产生重大影响。总体来说,"新技术特征、新实践应用、新评估思路"构成了数字时代政策评估数字化方法发展和应用的主要内容。

(一)数字化工具对于传统政策评估的突破

后置评估的滞后效应是传统政策评估效用大打折扣的主要原因。传统上,研究者按照评估处在哪个决策阶段,将其分为总结性评估和形成性评估两种。总结性评估是在决策执行结束后做总结时,评估决策达到预期目标的程度。尽管一些学者认为,理性的决策者应该采取基于回顾性数据的总结性评估,[②]但这一评估方式的不足也日益显现:当决策者察觉到情况有异时,损失很可能已经造成,难以改变;就算决策者在发现失败的第一时间就退回到最初的议程设置环节重新决策,前大数据时代的数据分析工具也不足以在那么短的时间里帮助决策者识别出旧方案的问题并形成新的替代选择。20世纪90年代,作为对总结性评估的回应,有学者提出了在决策执行之前开展形成性评估,它主要适用于方案讨论阶段,通过评估人员对决策方案提出建议,以帮助

---

① 杨志新,高翔,张庆,等. 大数据框架下公共政策实施评估研究[J]. 计算机时代,2021(1):124-127.

② Hudson J, Lowe S. Understanding the policy process:Analyzing welfare policy and practice [M]. Bristol:Policy Press, 2004.

决策者确定方案的组成要素和执行细则。[①] 然而，有限的数据规模和算法算力却将评估工作限制在了方案讨论阶段。

数字技术兴起以后，数字化工具可以使得决策效果评估前置乃至贯穿于决策的全过程，以此降低社会试错成本，赋予决策过程更多弹性。在实际应用中，大数据具有显著的实时监测优势。在数据生成的同时，评估结果也实时或接近实时生成，从行动到效果的反馈回路大大缩短；决策评估贯穿整个决策过程始末，伴随着决策过程的推进，决策者可以接近同步地获得评估结果，而不是等所有环节都结束之后才得知决策方案好坏；上级部门可以通过对社交媒体、新闻报道等政府外部数据的挖掘，较快地了解下级部门决策推进和执行的情况，从而有效减少形式主义的泛滥。

作为一种新的思路和方法，数字化工具为公共政策评估创新提供了"工具红利"。一是增加新数据源。数据类型呈指数级增长，将多个数据源加以集成，将传统公共政策评估使用的"小数据"转变为"大数据"，极大地增加了评估的原材料；与此同时，由于生成数据的成本在下降，政策评估的效益也在提升。二是加速政策评估。大数据可以快速提供大量数据，许多数据可以近乎实时地交付并不断更新，这将提升政策评估的速度，提升评估的时效性。三是持续性政策评估。由于可以快速、实时地获取数据以及瞬时或接近瞬时处理数据，政策评估不会只在政策制定和政策执行过程结束时进行，评估能够在政策周期的任何阶段发生，实现持续政策评估。四是参与式政策评估。大数据技术特别是社交媒体确保了人们之间的交互性，允许评估者、公共机构、公众进行对话并参与到评估中，从而大大提高利益相关者的参与度。五是包容式评估。[②] 对于一些在政策过程中处于弱势地位、难以发出自己声音、容易被排斥的群体，大数据技术还使评估者更容易对其进行识别和交流，倾听他们的声音，提升政策评估的包容性。总之，数字化工具可以为传统政策评估面临的挑

[①] Parsons D W. Public policy: An introduction to the theory and practice of policy analysis[M]. Aldershot: Edward Elgar Publishing, 1995: 72.

[②] Agostino D, Arnaboldi M. Social media data used in the measurement of public services effectiveness: Empirical evidence from Twitter in higher education institutions[J]. Public Policy and Administration, 2017, 32(4): 296-322.

战提供潜在的解决方案,为公共政策评估创新提供多种可能性。

(二) 政策评估数字化方法在国内外的发展

数字化技术兴起以后,西方国家学者便开始了运用数字化工具创新公共政策评估的探索,特别是美国、英国、意大利、奥地利等国的学者对数字化时代公共政策评估创新的理论、方法以及实际运用进行了较多的研究。比如,联合国全球脉动行动(UN Global Pulse)发布的研究报告《将大数据整合进发展项目的监测和评估》,探索了数字化时代公共政策评估创新的一些理论问题。[1]其他一些学者研究了运用大数据进行政策评估的方法问题。[2][3] 还有一些学者运用大数据技术进行了实际的政策评估。如 Ceron 和 Negri 利用社交网络数据评估了意大利就业市场改革和学校改革政策[4],Höchtl 等介绍了美国军队的自动持续评估系统[5],Agostino 和 Arnaboldi 运用社交媒体数据评估了意大利某地区大学公共服务的绩效。[6]

在政府部门的实际应用方面,随着数据存储与分析技术的迅速发展,对复杂公共决策进行实时评估日益成为政府治理的现实需要。例如,美国陆军正在试用一款自动化持续评估系统,该系统基于政府、商业和社交媒体数据的即时文本挖掘和危险性感知,对申请入伍者的行为模式进行评估,其结果显示,

---

[1] Bamberger M. Integrating big data into the monitoring and evaluation of development programs [EB/OL]. http://unglobalpulse.org/sites/default/files/IntegratingBigData_intoMEDP_web_UNGP.pdf.

[2] Netzer O, Feldman R, Goldenberg J, et al. Mine your own business: Market-structure surveillance through text mining[J]. Marketing Science, 2012, 31(3): 521-543.

[3] Agostino D, Sidorova Y. A performance measurement system to quantify the contribution of social media: New requirements for metrics and methods[J]. Measuring Business Excellence, 2016, 20(2): 38-51.

[4] Ceron A, Negri F. The "Social Side" of public policy: Monitoring online public opinion and its mobilization during the policy cycle[J]. Policy & Internet, 2016, 8(2): 131-147.

[5] Höchtl J, Parycek P, Schöllhammer R G. Big data in the policy cycle: Policy decision making in the digital era[J]. Journal of Organizational Computing and Electronic Commerce, 2016, 26(1/2): 147-169.

[6] Agostino D, Arnaboldi M. Social media data used in the measurement of public services effectiveness: Empirical evidence from Twitter in higher education institutions[J]. Public Policy and Administration, 2017, 32(4): 296-322.

21.7%的申请者都隐瞒了包括家暴、债务和药物滥用在内的重要不利信息。①与美国的做法相类似,英国政府也在测试政府绩效数据系统,该系统并非简单地开放决策流程各阶段的原始数据,而是致力于公共决策"数据仪表盘"的即时可视化呈现,以帮助决策者更直观地对政策实际效果进行评估。②

相比较而言,对于政策评估的数字化方法,国内学者的研究起步较晚。学者们主要探索了大数据对于公共政策评估的影响和基于大数据开展政策评估的建议。如陈一帆、胡象明在对国外 SSCI 和 SCI 关于大数据驱动的公共政策评估的基础之上,为我国学者的相关研究提供了方向和建议。③ 魏航、王建冬、童楠楠简要地梳理了学界关于大数据对政策评估的影响,并结合国内外的相关战略规划和案例,对该领域的后续研究方向提出了建议,认为应基于大数据重点构建三类政策评价理论和方法体系、着力解决公共政策大数据评价研究的核心技术问题、形成基于大数据开展政策评价的体制机制等。④ 谢明、刘爱民基于对大数据相关文献的介绍和梳理,分别从理论逻辑、现实应用、实证经验三个维度对使用大数据方法进行政策评估的可行性进行分析,最后构建了"数据收集—数据分析"矩阵来描述何种政策可使用大数据方法进行评估。⑤但在运用大数据进行具体的政策评估应用方面,国内目前还缺少较为有代表性的案例。从已有资料来看,国家发改委大数据中心依托国家信息中心数据库进行的政策评估可以算是较早的探索。⑥

---

① Executive Office of the President. Big data: Seizing opportunities, preserving values[R/OL]. https://obamawhitehouse.archives.gov/sites/default/files/docs/big_data_privacy_report_may_1_2014.pdf.
② Nachmias D, Felbinger C. Utilization in the policy cycle: Directions for research[J]. Review of Policy Research, 1982, 2(2): 300-308.
③ 陈一帆,胡象明.大数据驱动型的公共决策过程创新及效果评估——基于 SSCI 和 SCI 的文献研究[J].电子政务,2019(8):14-27.
④ 魏航,王建冬,童楠楠.基于大数据的公共政策评估研究:回顾与建议[J].电子政务,2016(1):11-17.
⑤ 谢明,刘爱民.可行性及其路径:刍议大数据方法在公共政策评估中的运用[J].现代管理科学,2017(11):6-8.
⑥ 王建冬,童楠楠,易成岐.大数据时代公共政策评估的变革:理论、方法与实践[M].北京:社会科学文献出版社,2019.

（三）数字化方法驱动评估流程变革的思路

大数据时代公共政策评估创新的总体思路是在明晰数字化工具和公共政策评估共同点或互补性的基础上，将数字化工具整合进公共政策评估之中。虽然两者存在若干的差异，但是也存在着若干的共同点或互补性。首先，两者都是以数据为基础的。数字化工具自不待言，而公共政策评估的实质亦是以数据为原材料。其次，关于数据的处理过程都是一致的，都经过数据的收集和分析等步骤。再次，在具体的数据收集和分析的方法上，也存在若干的共同点。例如，两者都试图找出影响政策绩效因素，都试图预测政策未来的运作情况，都将建模应用于大型数据的分析，都试图监测行为变化；使用的数据类型和数据分析方法存在较多重叠，都强调人的维度的重要性以及双方都关心分析结果的传播和利用等。因此，数字化时代公共政策评估创新的总体思路就是在这些共同点的基础上，将数字化工具的技术优势整合进公共政策评估的各个过程之中，以此提升公共政策评估的有效性。

数字化时代数据与政策的结合使得新的政策评估模式成为可能。在新的政策评估模式建构方面，Höchtl 等学者对传统公共决策周期模型进行改进，发展出了具有代表性的公共决策循环模型（参见图 5-1）。[1] 在传统的决策周期模型（参见图 5-2）中，评估往往是决策完成之后单独进行的一个环节，位于整个决策周期的最末端，其滞后性和潜在风险是政策评估效能大打折扣的主要原因。[2] 而在数字化工具驱动的公共决策循环模型中，得益于数据分析的实时响应和实时预测能力，决策评估贯穿于决策过程的始末，从而使得政策决策呈现出新的完整闭环。已有研究也认为，尽管这一理论模型尚有待实证数据的进一步检验，但它从整体性视角出发对数字化时代的公共决策过程进行了系统描述，从而引起了广泛的关注，开启了本领域的模型化新趋势。[3]

---

[1] Höchtl J, Parycek P, Schöllhammer R. Big data in the policy cycle: Policy decision making in the digital era[J]. Journal of Organizational Computing and Electronic Commerce, 2016, 26(1/2): 147-169.

[2] Nachmias D, Felbinger C. Utilization in the policy cycle: Directions for research[J]. Review of Policy Research, 1982, 2(2): 300-308.

[3] Lnenicka M, Komarkova J. Big and open linked data analytics ecosystem: Theoretical background and essential elements[J]. Government Information Quarterly, 2019, 36(1): 129-144.

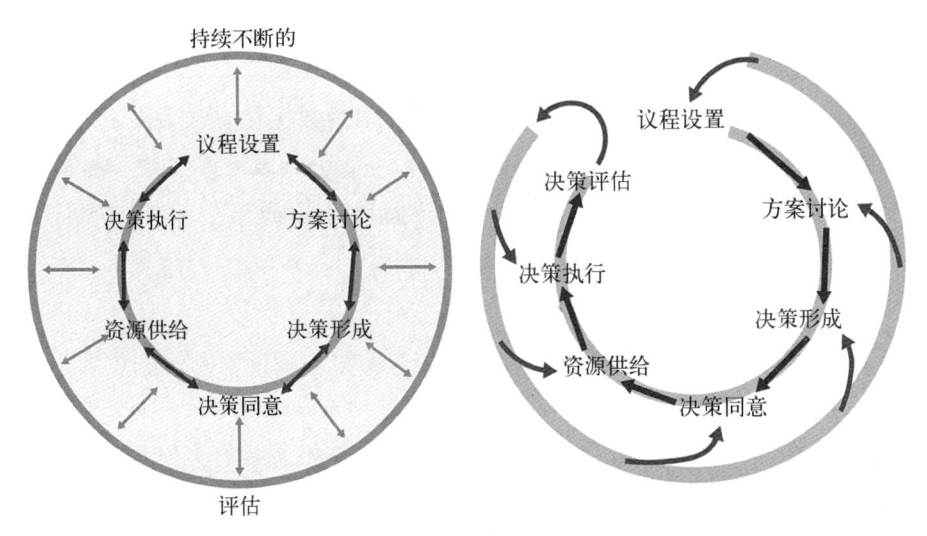

图 5-1　公共决策循环模型

图片来源：陈一帆,胡象明.大数据驱动型的公共决策过程创新及效果评估——基于SSCI和SCI的文献研究[J].电子政务,2019(8)：14-27.

图 5-2　传统的决策周期模型

图片来源：陈一帆,胡象明.大数据驱动型的公共决策过程创新及效果评估——基于SSCI和SCI的文献研究[J].电子政务,2019(8)：14-27.

在实际的应用过程探索中,作为政策评估数字化方法支撑的技术领域也出现了较为成熟的计算模型。计算机科学家基于各决策阶段的不同特征,开发出了对应的分析技术概化模型[1]；同时也有算法工程师基于维度建模技术发展出了辅助公共决策的大数据仓库结构[2]。还有学者从评估维度的可操作性考虑,提出用准确性、完整性、一致性和及时性4个维度综合评估数据质量,在此基础上形成数据质量整体评估模型,并结合实例演示评估模型的使用方法。[3] 总体来看,对于数字化工具驱动的公共决策评估创新和作用机制的研究已较为丰富,并且出现了模型化、实用化的趋势。

---

[1] Santos M Y, Martinho B, Costa C. Modeling and implementing big data warehouses for decision support[J]. Journal of Management Analytics, 2017, 4(2)：111-129.

[2] 陈一帆,胡象明.大数据驱动型的公共决策过程创新及效果评估——基于SSCI和SCI的文献研究[J].电子政务,2019(8)：14-27.

[3] 谭志远,宫云平.数据质量评估模型探讨[J].广东通信技术,2021(8)：7-12.

二、政策评估数字化方法的总体思路

基于公共政策评估的全流程思路,政策评估的数字化方法新模型需要基于"确立利益相关者、融入公共政策评估设计、完善公共政策评估数据收集、赋能公共政策评估数据分析、强化评估结果传播和利用"这五个环节,将数字化工具整合进公共政策评估的过程之中。

(一)确定政策的利益相关者

公共政策评估的首要环节是识别政策利益相关者。由于政策评估是评估政策对利益相关者的影响,且在评估过程中与利益相关者的充分互动是获得准确评估结果的重要前提,因此识别利益相关者是政策评估数字化方法有效实施的前提。一是通过遥感分析来明确政策的空间状况,这一要义在于依据时空重叠的原则,寻找在地域上共同受到政策影响的群体,以此实现政策评估的空间全覆盖。二是运用社交媒体数据分析和网络查询来把握政策问题的历史及其建议的解决方案等相关变量,以此从政策流程的视角构建起包含所有政策参与者在内的完整政策图景,确保利益相关者的主体全覆盖。三是通过社交媒体数据分析和手机调查来获取利益相关者的信息,用被动的方式识别利益相关者,以此确保将更为复杂影响关系的主体纳入政策议程之中。综合来说,数字化的工具方法将大大提升政策利益相关者识别的清晰性和完整性。

(二)融入公共政策评估设计

在识别了利益相关者之后,评估者应针对政策的特征、背景和评估的问题选择适当的评估设计,并提升设计的质量。一是实验与准实验设计。数字化工具可以通过来自各种数据源的数据(例如传感器数据、社交媒体数据、移动电话数据、电子交易数据、网络搜索与浏览数据)进行分析比较,对实验组对象和控制组对象进行较为精确的匹配。此外,还可以将这些数据与传统数据(统计数据、访谈、问卷调查等)结合起来,使用倾向差分匹配技术来进一步加强匹配。二是案例研究。目前,QCA方法被越来越多地运用到该类设计中,其采用 50 个或更少的样本个案,首先为每个个案准备矩阵,然后进行分析,以确定哪些因素与结果的实现相关,哪些因素对结果的实现没有贡献。此时,充分运用大数据集,对相关案例进行深入分析,可以增加每个案例的样本量或矩阵中包含的变量数量。三是参与式设计。"参与式跟踪"的数字化工具方法将移动终端等新技术同参与性流程(如基于社区的问卷生成)相结合,以生成与所有利益相关者关联的政策绩效实时图像,由此形成大规模群体的、参与式的、真实的政策反馈回路。四是混合方法设计。数字化工具通常与混合方法技术相结合,或通过混合方法技术进行验证。目前数字化工具已经开发出分析不同类型/数据集组合的技术,比如数据挖掘、机器学习和自然语言分析等技术。引入这些方法或技术,将提升政策评估混合方法设计的质量。

(三) 完善政策评估数据收集

数据是确保政策评估可靠性的基本条件,因此数据收集是公共政策评估的一个重要组成部分。数字化工具可以通过强化评估数据的采集,在此基础上提升评估的信度和效度。一是整合数字化工具技术,收集来自多个源头和多种格式的数据,如系统日志采集、网络数据采集、特定系统接口以及数字平台工具等技术,可以采集海量的线上行为数据和内容数据,从而实现评估数据的规模化和多样性。二是利用数字化工具技术识别政策意外效果。数字化工具能对政策实施过程的一系列关键指标的变化和对更广泛的背景因素的影响提供实时或快速的反馈,以发现意想不到的结果;此外,通过分析社交媒体数据,在线变化理论提供了用于识别、跟踪和更新意外结果的有用框架。三是整合数字化工具收集难以接近的群体的数据。数字化工具提供了利用新的数据源联系这些群体的新方式,例如通过电话而不是亲自与人面谈,通过电话或社交媒体让在特定社区中声音被淹没的某些群体更自由地说话,高风险地区的人们有时可以发送有关这些地区情况的视频和音频记录,卫星也可以跟踪那些本来很难找到或联系到的群体。四是利用数字化工具技术收集政策实施和行为变化过程的数据,数字化工具通常可以提供实时和连续的数据,这有利于观察政策实施的过程。各种数字化工具和通信技术资源可以获取行为变化的信息,例如移动设备可以捕获会议、工作团队和社区生活等不同方面的视频和音频记录,社交媒体是一个繁荣、富有的信息来源,社交网络分析工具可以研究人们行为的变化。

(四)赋能政策评估数据分析

在政策评估中,只有对评估数据进行科学分析,才能得出准确的评估结果。已有的公共政策评估计算要么是基于统计学、计量经济学等基础学科,通过数据拟合和数据比较而开展的;要么是由那些拥有足够智慧和洞察力的专家在观察定性数据中发现规律和问题,进而形成评估结果。进入数字化转型时代之后,一方面,数据挖掘、数据可视化等基本分析工具和预测建模、文本分析等高级分析工具为分析太大和太复杂的数据集提供了强大的技术手段。比如,用于分析和解释定性数据的软件正在迅速改进,这将帮助消除某些报告偏差或主观解释。再比如,预测模型可以帮助评估者做到政策制定和执行的前置评估。另一方面,云计算、量子计算等技术的兴起,以及芯片科技、计算机技术的进步,也极大地增强了人类的数据处理和计算能力,应用这些技术的工具和软件大大提升了评估数据的分析能力,有助于破除数据分析的技术瓶颈。

(五)强化评估结果传播利用

公共政策评估是为了向科学地配置资源、修正或终结政策提供依据,因此,政策评估的最终目的是传播和利用,并在此基础上改进政策质量,实现公共政策的迭代升级。数字化工具通过社交媒体和通信技术,为政策评估结果提供了更多的传播渠道。在这一过程中,数据可视化有助于清晰有效地传播与沟通评估结果,而社交媒体的交互性对于确保多个利益相关者对评估结果进行反馈和参与提供了便利。在政策评估结果的传播利用中,运用数字技术对传统的手段进行补充、加强或者替代,促进公共政策评估结果的更有效传播和利用,将有助于提升基于证据的政策制定能力,实现公共政策过程的循证决策与质量提升。[①]

---

① 杨代福,云展.大数据时代公共政策评估创新研究:基于过程的视角[J].电子政务,2020(2):92-99.

三、政策评估数字化方法的应用程序

随着互联网和自媒体的高速发展,互联网本身的海量数据为公共政策评估的数字化方法创新带来了便利。尽管在数据处理方式上,数字化工具的分析方法与传统的定量建模方法有相通之处,但事实上两者仍然存在较大差异。[①] 一般来说,政策评估数字化方法的应用主要包括评估数据准备、评估数据处理、评估模型算法、评估数据拟合等阶段。

(一) 评估数据准备

基于互联网和网络后台数据强化评估数据采集。一方面是根据行政区划和政策评估有效时间和区间进行限定,采用互联网爬虫技术或以购买服务的方式从互联网爬虫公司采集数据,包括新闻、论坛、微博、微信、贴吧、博客、手机 APP、平面媒体、政府网站互动栏目、综合网站互动栏目等互联网站点在政策出台后一段时间(如出台后半年内的数据)的数据;以及基于舆情内容的热度、重点、焦点、敏感度、高频词、黏度等用户关注的行为数据,为多维度的政策评估数据分析打基础。另一方面是基于已有政府部门、平台型企业、基础民生企业的日常运作数据汇总,通过建立大数据中心集聚数据,通过大数据交易获取使用权,通过数据交换实现已有数据交汇增殖等方式,建立政策评估的多源数据集。

(二) 评估数据处理

大数据的低价值密度特征导致互联网采集的数据与实际建模分析的要求相差甚远,极易受噪声、重复数据、缺失值和不一致数据的侵扰,必须进行预处理,以此实现采集数据中的噪声清洗,纠正不一致性。一是检测、剔除重复数据。主要是记录去重和特征去重,考虑到中文处理的复杂性,经常采用的方法包括特征去重、哈希去重等技术消除重复记录。二是异常数据处理。可以采

[①] 杨志新,高翔,张庆,等. 大数据框架下公共政策实施评估研究[J]. 计算机时代,2021(1):124-127.

用统计方法、关联分析、聚类方法进行异常数据处理,如缺失值处理、异常值(离群点)处理、噪声数据处理等。三是特定领域的数据清洗。这种数据清洗方案和算法都是针对特定领域,通过聚集、删除冗余、特征聚类来减少无关数据,实现数据的规范化。在公共政策评估中,经常用到的方法是根据公共政策的关键描述,建立关键词知识库和清洗模型,进行定向采集或定向清洗。四是数据集成入库。完成数据清洗后,通过规范、转换和规整处理,把采集数据规范到可以进行比较分析的某一度量空间,进行数据入库。

(三) 评估模型算法

公共政策评估的数字化工具应用可以有效提升政策评估的精度。从已有技术来看,数字化分析主要包括自然语言处理、图像分析、语音分析、视频分析等关键技术。从处理对象间的关系来看,公共政策评估数字化工具涵盖了网络分析和知识图谱分析等技术。但总体来看,当下政策评估经常用到的技术算法主要包含四个方面。一是互联网全网数据获取算法。即综合运用大规模数据抓取、重要互联网数据源后台数据对接、业务系统数据共享等方式,获取新闻媒体、搜索引擎、论坛、博客、微博、微信等各类互联网信息传播渠道中与重大政策相关的信息,以及重大政策、重大业务系统运行过程中沉淀下来的各类信息。二是围绕重大政策的网民态度倾向性分析算法。包括文本清洗、情感信息分类、情感信息抽取等,用于对互联网用户围绕某一重大政策话题生成舆情文本的态度倾向性和态度强度进行量化分析。三是重大政策的网民核心观点和政策诉求自动识别算法。包括话题检测与跟踪、话题自动分类、命名主体识别等工作,用于对网民围绕某一重大政策话题所表述的各种观点、诉求、建议等信息进行自动抽取。四是数据可视化分析算法。即综合运用话题热力图、地理分布图、动态气泡图、弦线图等多种可视化手段,展现重大政策相关的话题分布、各地落实情况、网民态度、相关主体等信息,为开展重大政策数字化评价分析提供工具支撑。

(四) 评估数据拟合

数字化工具为更加全面地评估政策带来了机遇。相比传统政策评估,基于数字化工具的政策评估对象将更进一步细化。建立全方位、多维度的政策评估数据来源和指标体系,及时、全面、准确地反馈政策的运作情况成了新的价值取向和目标追求。具体而言,通过数字化工具观测政策利益相关者的多样化需求,结合经济、技术和财政可行性,判断政治和社会的可接受性,将数字化工具应用于政策评估的"多元理性"价值判断中成了基本的价值趋向。[1] 在构建基于数字化工具的多元政策评价指标体系过程中,具有一定研究和实践基础的专家建议应引起重视,重新设定针对不同领域的政策评估价值维度指标显得尤为重要。在实践中,政策评估者经常会采用传统指数分析与数字化工具聚类分析相结合的方式,建立多元化的政策评价模型指标体系。这时,评价模型为多级指标模型,其数据处理方式主要是在对定向数据集进行分词处理、语义分析的基础上,通过聚类分析算法,得出量化评分。[2]

第二节 人才政策评估数字化方法的机遇

数字化时代的到来不仅改变了人类的生产力模式,同时也改变了与经济基础相关的社会组织方式和治理形态。作为治理体系组成部分的人才政策在数字化转型时代也呈现出了"人才智治"的新趋势。作为人才政策实施关键一环的人才政策评估也面临着新的机遇和挑战。发挥数字技术的赋能作用,探索数字化时代人才政策评估新模式,推动人才政策创新成为适应未来发展需要的关键之举。

一、数字化时代人才政策评估特征变化

公共政策制定和执行的核心目标是改变社会行为和社会预期,使得社会能够朝着健康可持续的方向发展。"大数据"的爆炸式发展和信息传递,不仅给予社会个体更多生活方式上的选择空间,更是催生了政府采用新的方式对

---

[1] 魏航,王建冬,童楠楠. 基于大数据的公共政策评估研究:回顾与建议[J]. 电子政务,2016(1):11-17.
[2] 杨志新,高翔,张庆,等. 大数据框架下公共政策实施评估研究[J]. 计算机时代,2021(1):124-127.

人才政策评估的数字化方法

管理公共事务这一古老的国家职能进行重塑。[①] 在具体的政策实践中,随着数字化时代的到来,运用数字化手段提升政府的治理水平,为经济社会发展提供支撑、为百姓生活提供便利,已成为各地各部门的普遍共识。数字化技术的应用可以通过数据的无感收集、数据的海量积聚、数据的智能分析等极大地改善政府与社会的关系,并使得政策评估的各个环节都呈现出新的特征。

(一)人才政策评估的思路更优

数字化时代政策评估具有全面全程特征。与传统通过样本数据进行政策评估的过程相比,大数据给政策评估带来了全面评估、全程评估的新机遇。在全面评估方面,大数据要求对相关的所有数据而非样本数据进行分析,通过容忍、接受大数据的混杂性、不精确性,并运用分类或聚类的方法分析混杂数据,可以使得相关的评估更加接近事实本身。在全程评估方面,大数据通过全样本的数据分析,可以对政策的备选方案做出可行性判断,对政策的执行情况进行风险性判断,对政策的执行结果进行有效性判断,由此探索了全样本、全时段、全覆盖的数字化时代政策评估新思路。

数字化转型为人才政策评估提供了更优的思路。公共政策的全流程评估思路包含政策前、政策中、政策后的整体运作情况。近年来,随着大数据和人工智能的兴起,人才政策的各参与主体在政策实践中大量运用数字化工具,一方面提升了人才政策运作的绩效,另一方面也树立了全流程的人才政策评估思路。在政策制定评估阶段,数字化工具的应用拓宽了利益表达和资源输入渠道,并通过打通人才信息共享的通道,使得人才公共问题的触发更为迅捷;在政策制定评估阶段,数字化工具的政策议程平台促进了人才信息在政府、专家与人才间更具包容性和平等性的互动交融,使得政策的参与机制更为精细化,人才政策评估的颗粒度更细;在政策结果评估阶段,数字化工具的应用场景界面提供了政府和社会各利益相关者关于人才政策意见整合的有效工具,动态均衡、多元主体参与的决策评估机制在这一过程中成为可能。

[①] 魏航,王建冬,童楠楠.基于大数据的公共政策评估研究:回顾与建议[J].电子政务,2016(1):11-17.

第五章 人才政策评估的数字化方法新模式

（二）人才政策评估的数据更全

数字化时代政策评估具有数据汇聚特征。数字化时代大数据功能发挥的关键在于数据的整合与交互分析，并以此得出趋势性的新发现，或单一数据源难以发现的新问题。在以往的治理实践中，数据往往按照部门条线进行存储，这种单一的、固化的数据存储方式由于结构单一而往往难以发掘其深层次价值。数字化转型的数据汇总过程能够使这些数据关联并对这些数据进行有效管理和分析，从而可以产生巨大的社会价值。与此同时，数字化转型的实践也改变了政策评估、改变了政府与公众的关系，在数字化赋能政策评估的过程中，社会公众由过去的数据接受者成为数据的提供者，政府通过高度细分、数据挖掘等方式，为公众提供更加个性化的服务，并在此过程中实现互动治理和服务。

数字化转型为人才政策评估提供了更全的数据。数据是政策评估的最基本一手资料，但在传统的政策评估中，数据收集不准确、不全面、不科学等因素是影响政策评估准确性的关键因素。随着互联网、大数据、人工智能等新一代信息技术在人才治理领域的作用和地位不断凸显，政府门户网站、在线政务服务平台，"浙政钉""随申办""粤政易"等移动 APP 平台的开发，以及微信、支付宝小程序的开发和推广，不仅可以为人才目标群体提供更全、更便捷的政策服务，同时也为人才政策评估积累了更全的数据。在这一过程中，人才治理的数字化转型使得政府人才工作部门与人才政策利益相关者的互动模式发生了深刻改变，新的数字化工具既是利益相关者向政府提出诉求的界面和渠道，政府也同时通过这些渠道和应用场景手机和积累数据，而这些数据正是公共政策评估所需要的最重要信息。

（三）人才政策评估的工具更佳

数字化时代政策评估具有智能分析特征。数字技术的发展使得大数据、区块链、人工智能、云计算、边缘计算等被广泛应用到政府治理领域，决策者可以通过城市大脑、领导驾驶舱等可视化工具"一眼洞知"天下事，并通过大数据的综合分析和交叉分析，更加系统全面地了解政策的各项执行情况，并及时做出政策调整的建议。具体来说，通过挖掘大数据的相关关系，并通过可视化技术,决策者可以迅速掌握政府政策资源的状况和备选方案所需资源,以及在政策执行过程中各行为者对备选方案的支持和接受程度,从而及时评估各备选方案在经济方面的可行性。

数字化转型为人才政策评估提供了更佳的工具。近年来,随着数字化转型的加速,数字化和网络化正以不可逆转的趋势渗透到我们生产生活的角角落落,这种变化一方面为政府数字化转型提供了成熟的技术条件,另一方面也创造了良好的社会基础和群众基础。尤其是城市大脑、领导驾驶舱、大数据中心等新型政府治理体系的应用,使得灵活运用大数据技术和资源成为可能。对于人才政策评估而言,这种城市大脑成为观察人才政策成效的显微镜、透视镜和望远镜,借助大数据分析不仅可以了解人才政策的全貌和概要,还能针对某一特定领域对人才政策的实施效果进行细致观察,并在此基础上构建靠数据说话、靠数据决策的新型人才政策模式。

二、数字化时代人才政策评估逻辑转变

数字时代的到来使得公共政策的全流程监测和评估更加便捷。打造包含政策制定前评估、政策执行中评估、政策实施后评估的全流程评估体系,全面提升公共政策评估的精准性和及时性成为数字时代人才政策评估的新面向。

(一) 提质政策评估事前方案制定

事前评估提升政策制定科学性和针对性。政策评估不仅局限于政策执行产生的效果,还包括了需求、过程、效果和影响等各个方面。与传统的政策评估相比,数字化时代的政策评估开始向事前评估转变,政府在制定政策过程中甚至在制定之前,可以通过深度的数据挖掘和大数据分析,进而判断是否有必要推行新的政策方案,以减少甚至避免政策出台后的失误,提高政策的执行效率。例如,政府决策者可以通过对海量网民在"智慧政府门户"上的访问数据进行数据挖掘和多维剖析,以此弥补传统"供给导向"服务模式的弊端,开启"需求导向"的公共政策新模式。

运用数字化工具开展事前评估,提质人才政策方案制定。在传统人才政策闭环中,人才政策的制定动议和主要内容来源于落实上级政府部门人才规

划要求、政府主要领导人才战略想法、其他国家和地区人才政策竞争需要等,而对于政策制定必要性以及主要内容的确定则缺乏明确的依据。数字化工具的应用可以通过更为广泛的人才群体大数据收集、人才政策大数据分析,以及更为便捷的人才利益相关者需求反馈等方式,从而使得人才政策的制定针对性更强,可行性更高。

(二) 提能政策评估事中过程监测

事中评估提升政策执行的稳定性和可靠性。政策在执行中需要有效的监督以及及时的反馈,以此更好地评估政策的执行效果,大数据时代的技术工具可以从行动者再决策、对象动态监控、信息沟通渠道三个方面反馈政策执行情况。在这一过程中,数字化工具可以及时准确地获得政策从上层决策发出到政策目标群体的这一段过程,以及政策执行者与政策利益相关者之间的互动情况等相关数据信息。政策执行的信息反馈和过程评估可以使得政策决策者在政策执行的过程中及时纠正政策偏差,补足政策短板,以此保障政策的顺利实施。

运用数字化工具开展事中评估,提能人才政策过程监测。在传统的人才政策过程中,人才政策重制定而轻执行,尤其是不同的政府条线出台了多样化的人才政策,不仅有不少政策是相互重叠的,更有不少政策是相互冲突的,这也就导致了人才政策在执行中面临着实际的困难,并使得政策的最终绩效大打折扣。数字化工具可以通过实时的数据反馈,将人才政策执行的动态数据反馈到决策部门,同时也可以更加便捷地收集人才政策利益相关者的建议,从而做到人才政策的实时监测、及时调整,尽早消除政策执行的"瓶梗阻"问题。

(三) 提效政策评估事后资源配置

事后评估提升政策调整的科学性和针对性。政策评估的目的在于优化资源配置,数字化工具的价值在于能够即时地将准确有效的信息传送给恰当的需求者,并在此过程中提升政策的精准性。已有研究也认为,大数据有助于增强针对政策服务对象的有效性,为政策评价提供导向机制,依靠大数据的分析技术,有效了解政策对象的需求,以增强信息收集的针对性和系统性,实现网络推荐,进行政策评价,建立健全反馈机制,从而有助于社会公共资源的优化。① 在这一过程中,数字化工具的应用通过数据的自动采集,不但有助于降低政策评价过程中的经济成本,其精准的数据分析使得政策评估更加可靠,从而给政策调整和资源配置提供数据支撑。

运用数字化工具开展事后评估,提效人才政策资源重配。在传统的人才政策流程中,人才政策的事后评估作为政策闭环的最后一个阶段,其作用主要在于判断政策的执行成效,以此作为下一阶段政策调整的依据。但由于缺少更加详细、更加全面的数据支撑,这也使得最终的评估结果对于政策修订和资源重配的参考价值大打折扣。数字化工具的应用,可以通过更加全面的数据收集、更细颗粒度的数据分析、更大范围的人才政策数据比较,从而对人才政策执行的总体状况以及相对短板做出明确判断,以此为政策的修订和资源的重新配置提供更加可靠的数据支撑。

三、数字化时代人才政策评估关键问题

随着数字化转型的加速,以大数据、人工智能等为代表的新技术蓬勃发展,不仅重塑了政府的治理模式,同时也给政策评估带来了新机遇,提出了新的挑战。如何结合数字化时代的治理新特征,构建起适应数字化时代的人才政策评估新框架,这需要我们以问题为导向,并结合人才政策评估的关键问题,明确数字时代人才政策评估的政策要点。

(一) 构建基于数字思维的人才政策评估理论框架

推动人才政策评估的方法论创新。数字技术颠覆了以往点式认识世界的方法论局限,并借助于数字化的整合分析,建立起整体性的社会认知观。因此,人才政策的评估要将传统的社会政策评估方法与数字化分析方法进行融合创新,创造出适合数字时代发展需要的人才政策评估新模式。在已有实践中,尽管研究者已经开始日益关注大数据的挖掘和应用,并尝试在社会政策评

---

① 窦悦,童楠楠,易成岐,等.大数据视角下我国社会政策评估体系架构与创新路径研究[J].情报理论与实践,2021(7):50-57.

估等领域,开发新的应用场景,以促进评估方法的创新。但迄今为止,学界关于这方面的讨论更多地仍然停留在可行性分析阶段,而对于实际的应用则少之又少。未来,人才政策评估的数字化方法应基于大数据的公共政策评估方法体系,以海量数据和数字化方法为突破口,通过实证检验和方法改进,逐步弥合社会政策评估与大数据方法之间的缝隙。

推进人才政策评估的技术工具创新。数字技术的发展一方面带来了知识的爆炸,各学科之间的界限日益模糊;另一方面,知识的便捷传播也给更高的专业性标准带来了新要求。推动不同学科的交流交叉成为未来科学研究的总体趋势。未来的人才政策评估创新也应该抓住学科交叉这个关键,在充分吸收借鉴社会政策评估理论和方法的基础上,借鉴经济学模型方法,并将计算社会科学、机器学习、自然语言处理等新方法和新技术应用到人才政策评估之中,通过打造人才政策的"智慧中枢",借助于云计算和边缘计算技术,以及未来的量子计算,逐步探索出适合新形势发展需要的、基于数字化技术的人才政策评估新框架。

(二) 完善基于数字思维的人才政策评估指标体系

数字化时代的人才政策评估需要建立起更加科学的政策评估指标体系。数据规模大、在一定程度上甚至可以实现全样本的分析是数字化时代大数据的基本特征。但是,这并不意味着大数据会比小数据揭示了更多的真实情况。尤其是数据混杂性问题的存在,导致数据总量的增加反而会造成结果的不稳定性。在实际操作中,人才政策评估中大数据采集的混杂性不仅是数据混乱的问题,还会夹杂着数据噪声,影响数据的分析效度。[1] 正如有研究者指出,数据在采集、传输、分类、整理和储存的过程中,总会掺杂某些干扰因素;大数据固然大,但其特点是价值密度低,海量的数据同时意味着数据噪声多。因此,被收集而来的数据不是每一项都会被用到,大数据使用首先要进行数据清洗。[2] 因此,保持对数据的警惕,建立起可行的指标体系对于构建新型人才政

---

[1] 陈家刚.大数据时代的公共政策评估研究:挑战、反思与应对策略[J].河南社会科学,2019(8):46-51.
[2] 董青岭.反思国际关系研究中的大数据应用[J].探索与争鸣,2016(7):93-94.

策评估体系至关重要。

大数据的价值低密度等特征要求人才政策评估的数字化方法在运作中要更加重视数据来源的可靠性。大数据内容繁杂、价值密度低的特性意味着,需要加强研究并加快推出一套操作性更强、技术可行性更高、应用方法更为便捷的人才政策评估体系,以更好地运用大数据,一方面全面反映人才政策的总体绩效,另一方面精准反映人才政策的重要侧面,这是当下人才政策评估创新的关键。未来,基于数字技术的人才政策评估要将大数据和小数据结合在一起,一方面注重工作数据的积累和使用,将人才工作中的统计数据、评价数据、基础数据整合在一起,实现评估的无感化、实时化;另一方面也要注重社会数据的收集,通过对第三方数据、网络声量数据、人才"用户"反馈数据(12345咨询等)的整理归集,以此建立起全景式反映人才工作的政策评估指标体系。

(三)加快基于数字思维的人才政策评估方向探索

探索基于数字技术的人才政策评估新模式。一是要建立起多样化的人才政策评估参与机制。大数据运用到人才政策评估中的本质是建立起多种数据资源的汇集,人才政策各主体都能发声的利益表达机制。因此,建立起人才政策评估的参与机制,通过制度设计明确各政策主体的权利、参与途径、参与内容和参与方式是政策评估新模式的关键。二是要坚持人才数据的整合共享。人才政策评估需要做好顶层设计,促进人才数据在横向、纵向、以及各个层级之间的资源共享,并通过建立人才数据的共享调阅机制,将人才政策评估变成推动人才工作创新的助力者。三是注重应用场景创新和方法迭代。人才政策评估的数字化方法体系要立足于人才政策的关键问题,以优化问题解决为抓手,不断迭代优化技术方法和应用场景创新,推动技术的持续迭代,切实提升当前人才政策评估发展的科学性和有效性。

注重数字化技术与人才政策评估体制机制的融合。技术优势得到充分发挥的前提是有健全的体制机制保障。在人才政策评估数字化方法模式的探索中,一方面我们要关注新技术的开发和应用,如大数据的整合技术、大数据中心的存储技术、应用场景的识别和开发技术、系统应用的推广和维护技术等,以此使得数字化工具更好地赋能人才政策评估。另一方面我们也要关注数字化转型过程中的体制机制变革,因为在依法治国和依法行政的总体制度框架下,人才政策的整体流程已经深度融入部门的日常体制机制设计中,如果人才工作的体制机制不变,那新的技术应用势必会导致"新要求"与"旧流程"之间的矛盾,从而导致数字化应用难以落地。因此,数字化技术工具与体制机制变革的协同共进,是人才政策评估数字化方法落地的关键。

第三节 人才政策评估数字化方法的内容

作为一种新的技术趋势,数字技术应用到人才政策评估中给人才政策的提质增效,以及建设新时代的人才强国提供了机遇,并使得建立起简约高效的人才政策评估全流程模式的实现成为可能。对于政策评估而言,人才政策评估活动涉及"政策制定"(事前评估)、"政策执行"(事中评估)和"政策效果"(事后评估)三个层面。从人才政策评估的基本流程来看,人才政策评估的数字化方法包含了"政策制定—政策执行—政策效果"全过程的评价;从人才政策评估的导向来看,人才政策评估的数字化方法应将事实评估与价值评估相结合,以此确保人才政策的科学和效率;从人才政策评估的模式来看,人才政策评估的数字化方法关键是开发能用、管用、好用的数字化应用场景,将技术工具与体制机制结合在一起,在提升人才工作效率的基础上,通过数据的高效整合和分析,建立起全流程的人才政策评估模型,打造可持续提升的人才政策新范式。

一、人才政策制定评估

公共政策评估的首要任务是提升政策的科学性,并在最大程度上减少决策失误的出现。公共政策的大数据事前评估又称政策预评估,是在政策出台前,通过特定的方法和程序,对政策可能的影响和后果进行分析、预测和事前控制,从而提高决策质量、降低政策执行成本的过程。在国外,政策出台之前,政府部门一般会委托第三方机构对政策的必要性、政策的可行性进行评估,并以此作为公共政策制定的依据。在我国,由于治理的体制机制尚不完善,人才政策的制定在很大程度上都来源于领导的意志,甚至是突发事件造成的危机状态。人才政策制定"急急出台,草草发布"也导致了不少地方的人才政策一

人才政策评估的数字化方法

直处于低效运行的状态。在深入实施新时代人才强国战略过程中,加强对人才政策的事前评估,也即在制定人才政策之前,通过对现状问题的评估,从而找出问题的症结,并制定有针对性的人才政策,这是人才政策制定评估要解决的首要任务。

(一) 人才政策问题评估

已有公共政策研究指出,公共政策问题的形成与认定,是政策制定过程的起点,也是十分重要的环节。公共政策的特质之一是问题取向,也就是说公共政策密切关注解决和改善社会问题。政策分析学者邓恩指出,对于政治学者而言,政策分析的关键是问题建构的方法论,一旦政策分析者找到了问题的症结,政策方案就很容易浮现,而政策分析过程中最致命的问题就是确定了一个错误的问题。[①] 因此,对于人才政策评估而言,人才政策问题的评估与确认是人才政策制定的起点。数字技术的发展,尤其是人才大数据的归集和交互分析,可以使得人才政策的问题更加显而易见。比如,运用居住地变化来分析人才的流入与流出趋势变化,运用通勤时长来分析人才的工作生活状态,运用咨询、投诉、建议数据分析人才诉求,这些都可以帮助决策者更快、更为准确地确定人才政策中存在的问题,并通过横向比较来确定问题解决的优先等级。

(二) 人才政策目标评估

政策目标是政策制定的前提,与此同时,政策目标的选择也是一项高度创造性的工作。政策目标的确定是根据政策问题的情况,分析政策制定的必要性和可行性,以及可能的效果。一般而言,政策目标的确定要遵循前瞻性、变革性和理性三个标准。前瞻性即是政策规划设计的"未来状态",并就未来的状态确定合理的资源支持和配合;变革性即是政策目标要有创新性,要在时间、观念、行为等方面有所改变,以适应未来变化;理性即是政策目标的选择不能超越了环境的限制,避免出现目标过高而不能实现的问题。在人才政策目标的评估中,数字化工具可以通过数字模拟和趋势预测来确定人才政策目标

---

① 邓恩.公共政策分析导论(第2版)[M].谢明,等译.北京:中国人民大学出版社,2010:76.

的科学性和可行性,并通过已有政策大数据库的横向比较和纵向比较分析,帮助人才政策决策者确定理性的政策目标。

(三) 人才政策方案评估

政策方案的设计与制定是政策制定的关键一步,公共政策设计承担了承前启后的角色,是整个政策规划的核心所在。一般而言,政策方案的评估包含三个部分。一是效益分析,具体包含政治效益分析、社会效益分析和经济效益分析等,主要是基于投入产出和满意度等原则预测政策的效果;二是可行性分析,包括政治可行性分析、法律可行性分析、行政可行性分析、经济可行性分析、技术可行性分析、实践可行性分析等,主要是分析政策的可实施程度;三是平等性分析,包括公共政策的平等原则、公平原则、争议原则等,以此确保更多的人能够享受到政策的红利。在人才政策的方案评估中,数字化工具可以通过数字仿真技术、大数据政策横向比较和纵向比较等方式,更为快速准确地评估人才政策的方案可行性,以此推动人才政策进一步落地。

综合来说,通过数字化工具的应用,人才决策部门可以更加清楚明了地知道人才发展领域面临的问题与瓶颈,以及人才群体的具体需求,从而做到人才政策制定的情况清、底数明。在目标评估方面,人才决策部门可以通过大数据的横向比较,并结合自身经济、社会实际情况,更加科学、更加理性地确定人才政策的目标,避免人才政策目标脱离人才工作需求的问题出现。在方案评估方面,人才决策部门可以通过数字化的政策实验、政策模拟方法,更加精准地知道人才政策方案的可行性,并在此基础之上做出相应的调整,以使得人才政策更加有效。

二、人才政策执行评估

公共政策学者普雷斯满和瓦尔达夫斯基曾指出,承诺会产生预期和期待,但无法兑现的承诺则会导致期望的破灭与失望。[1] 尤其是对于公共政策而言,

---

[1] Pressman J L, Wildavsky A. Implementation: How great expectations in Washington are dashed in Oakland; Or, why it's amazing that federal programs work at all, this being a saga of the Economic Development Administration as told by two sympathetic observers who seek to build morals on a foundation[M]. Berkeley: University of California Press, 1984.

人才政策评估的数字化方法

作为政府的行为,政府制定的公共政策贵在能够彻底并且准确地执行,缺少充分贯彻落实的政策不仅有损政府威信,还会造成公共问题的进一步恶化,并有可能影响社会甚至是国家的稳定。因此,加强对于政策执行的评估,即通过公共政策的事中评估,准确及时地监测政策执行的相关情况,并及时对政策的执行方案甚至是政策目标做出调整,这是保持政策最终能够实现预期效果的关键。在数字化转型时代,人才政策的执行评估就是要关注政策执行过程中公共问题的变化情况、政策执行主体的工作情况以及政策资源的配合情况。在公共政策执行(事中评估)阶段,利用大数据技术可以全面获取相关政府部门围绕公共政策出台进行的政策宣传落实、出台本地化政策和配套政策举措等相关数据资源,并且能够对政策执行过程中产生的互联网反响进行分析挖掘。

(一) 关注人才政策问题变化

政策的变化情况涉及公共问题的变迁和演化,具体而言,政策问题的性质涉及问题的相依性、动态性、时空性及受影响的政策主体变化情况。一般而言,公共问题的变迁主要表现为三种形式:一是问题的严重程度发生的变化,这里要观察的是在政策实施后问题是变轻了,抑或是变严重了,还是说没有变化;二是问题的性质是否发生了变化,比如政策实施之后,本来是特定群体的公共性问题却变成了所有人都面临的公共问题,或者是公共问题被转换成了个人问题等;三是问题的表现形式发生了变化,这是指在政策执行之后,原来公共问题的呈现状态发生了变化,要么是深层次的问题变得更加表象化了,要么是表象的问题变得更加深层次了,要么是问题被前移了,要么是问题被往后延伸了。在人才政策评估中,借助于数字化工具,政策执行者可以通过舆情分析、政务数据分析等,更加清晰、更加准确地评估人才政策执行前后人才政策问题的变动情况,并及时采取相应的对策。

(二) 关注人才政策主体状态

人是社会生活中的基本单元,即便是以法人形态出现的组织,其具体的组成也是个体,以及由个体产生的群体。作为政策的执行主体,政策执行人员对于政策执行的态度以及工作状态,在很大程度上决定了公共政策的贯彻落实情况。一方面,由于公共政策的执行者在实际工作中拥有相当的自由裁量权,这也使得他们可以根据工作的实际情况采取相应的措施调整,在这一过程中,政策执行者的态度就决定了政策执行的实际效果,政策执行人员对政策的认同度越高,执行时的意愿配合就越好,政策的成效也就越好。另一方面,公共政策目标群体的态度在一定程度上也决定了公共政策的执行绩效,因为在许多情况下,公共政策的制定是为了影响、管制或改变政策客体的行为,或是为了引导政策目标群体按照政府机关所规定的目标行事,这一过程就需要政策目标群体予以配合,配合程度的高低在一定程度上也决定了政策执行的效果。在人才政策评估中,数字化工具的应用一方面可以通过大数据的横向比较分析,从而得知人才政策执行者的工作状态和积极性,并有针对性地对其进行干预;另一方面,数字化工具的智能分析和精准推送也可以更加准确地获知不同人才群体的需求,并通过对其提供更加精准的服务,提升其配合程度。

(三) 关注人才政策资源配置

公共政策的执行,需要一定的资源作为支持和后盾,如果缺乏相应的资源支持,政策的执行就如同纸上谈兵而无法实现。一般认为,影响政策执行的资源因素包括人员、信息、设备和权威四个方面。人员即是公共政策的具体执行人,他们的管理技巧和行政技巧,是政策执行过程中不可或缺的必要条件之一,尤其是随着社会问题的日益复杂,政策执行人员的素质更是决定了公共政策的绩效。信息即是政策执行中所需要的知识,在政策执行过程中,执行人员必须熟知相应的政策内容,尤其是关于革新或高度技术性的政策内容,只有这样才能正确地执行政策。设备即是政策执行中所需要的经费、物料等,这些是保障政策执行的必要条件。权威即是政策执行人员在政策执行中所具备的威信,也即社会公众以及政策客体对其信任的程度。在人才政策评估中,数字化工具应用可以通过对各项人才政策配套资源的实时观测,从而更加准确地得知政策的执行情况,以及政策执行过程中面临的"中梗阻"问题,及时掌握人才政策执行阶段的真实情况,保障人才政策的顺利实施。

总体来说,在数字化转型的过程中,人才大数据库以及人才数据中台的建设,可以通过技术工具的变革推动人才政策主体的协同,并在此基础上做到政策的协同,为人才政策的执行情况评估带来机遇。在变化情况方面,人才政策数据库的建设可以通过自动统计人才政策目标群体的工作生活变化情况,以及具体诉求变化情况,进而得知人才群体公共问题的变化过程,关注人才政策的执行实效。在主体情况方面,人才工作者的主观能动性决定了政策的执行成效,人才数据中台建设可以通过横向和纵向的比较,知晓各区和各条线的人才政策执行情况,并结合各区和各条线的实际情况,精准预判政策主体在人才政策执行中的工作情况,通过采取激励和诫勉的方式,激发工作人员积极性和创造性。在资源情况方面,人才工作中台建设可以使得人才工作部门更加及时地关注到人才工作的资源配备和变化情况,并通过动态调整平衡的方式,为人才政策的有效执行提供更加充足的资源保障。

三、人才政策效果评估

公共政策的效果评估是对政策实施一段时间后所引发相关效果的评估追踪过程,包括政策产出与政策影响两个层面。前者是指人口或受益者接受的政府给予的财货、服务或资源,而后者是指政策执行以后造成的有形与无形、预期和非预期的实际情况的改变。也有学者认为,公共政策可以分为执行性政策和宣誓性政策,前者的目标是改变经济社会运作状况,后者则侧重于心理层面的引导。[①] 因此,公共政策评估事实上也包含了社会经济和心理预期两个层面,其中社会经济效益是评估的重点。经济社会效益评估是指评估公共政策为国家或地方经济社会发展目标所做出的贡献或产生的经济社会效益和影响,以及对与经济社会的匹配度和适应性所做出的系统性评估。在公共政策效果(事后评估)阶段,数字化工具的应用可以通过电子问卷、网络评论、目标人群各项数据变化等,更快且更加精准地知悉公共政策的执行绩效,并对进一步的政策优化提出更多有针对性的对策建议。

(一)人才政策效率效能评估

效率和效能是公共政策结果评估关注的首要内容。效能是指某项政策达

---

① 萨巴蒂尔.政策过程理论[M].彭宗超,等译.北京:生活·读书·新知三联书店,2004:96.

成预期结果或影响的程度,也就是将实际达成的程度与原定预期水准相比较,以了解政策是否产生预期的结果或者影响。这里,效能所涉及的具体含义并不是特指政策是否按照原计划执行,而是指公共政策在执行之后,是否对环境产生预期的结果或者影响。效率则主要是指政策产出与所用成本之间的关系,通常会以每单位成本所产生的价值最大化或每单位所需成本的最小化作为评估的基础。在数字化转型时代,人才政策的评估包含了通过大数据手段自动知晓人才政策的资源投入情况,做到政策投入"心中有数"、政策结果"云上有数",并在此过程中更快、更及时地了解人才政策的效率。与此同时,在深入实施新时代人才强国战略中,人才政策评估还可以通过网络热点分析、网络舆情分析等方式,知晓人才政策实施对社会所产生的影响,并在此过程中营造全社会尊重人才的良好氛围。

(二)人才政策充分公正评估

充分主要是指政策目标达成后解决问题的程度。虽然有时候政策目标设定是彻底解决某一问题,但由于种种因素限制,政策执行后,政策目标经常会被缩小成为一部分目标的解决,正是这种政策执行的不充分导致公共政策的实施经常不能满足公众的需求,这也是政策反复出台,但公共问题却一直没有解决的原因。因此,公共政策的充分性评估就是衡量政策产生期望的影响程度。公正是政策执行后导致与该政策有关的社会资源、利益及成本公正分配的程度。在实际操作中,公正涉及社会上的每一个人、每一个团体,而每一社会主体的需求又有所不同,这就意味着任何一项公共政策均难以完全满足每一个人或每一个团体,而通过谋求社会福利的最大化来解决困境成为可行的出路。在数字化时代,人才政策评估亟须通过数字化工具的应用,清楚知悉各项已有政策的执行情况,也即一些人才长期关心且被相关部门一再强调的问题解决的程度如何。与此同时,人才政策作为一种激励型政策,本身也面临着"对于精英是否还需要更多扶持"的公正性悖论,这也是人才政策评估要关注的方面。在这一过程中,数字化工具的数据归集和交互分析,有利于更加准确地得知人才政策的执行情况以及社会反馈,并为进一步更好地执行政策提供依据。

(三) 人才政策回应适应评估

回应性是指政策执行结果满足目标群体需求、偏好或者价值的程度，也即当公共政策被制定和执行以后，政策对象是否感知到了政策所带来的变化。尤其是进入新时代以后，我国公共政策一直在强调人民群众的获得感、幸福感和安全感，也即是公共政策的制定和执行要与人民群众的需求结合在一起，让政策更加精准。适应性是指政策目标的价值如何、对社会是否合适以及这些目标所依据假设的妥当性如何等。公共政策评估的适应性关注的是：这些目标对于政策目标群体而言，是不是恰当的？如果政策的目标设定就存在问题，那么不论是政策的效能、效率，还是政策的充分、公正都将失去意义。比如，决策者可能为了提升人才的数字化适应能力，制定了统一培训不同群体使用五笔字型输入法的政策，这里面就存在政策是否适应的问题。也正因为此，适应性是政策结果评估中特别需要关注的方面。在人才政策评估中，数字化工具的应用可以更好地了解人才对于政策的具体反馈和具体想法，并在此过程中综合运用数字化方法，形成一套更为科学有效的回应性和适应性评估指标体系，从而量化反映公共政策产生的真实效果。

总体来说，在数字化转型过程中，政府治理的数字化转型给全面评估人才政策效果提供了新机遇。在效率效能方面，治理的数字化转型可以使得各类政治、经济、社会、文化数据汇集在一起，并通过交叉分析的方式，开发相应的应用场景，从而更加清楚地知道人才政策的投入产出比，以及社会各群体对于人才政策的满意度和获得感。在充分公正方面，政府治理的数字化转型可以使得人才工作部门的政策绩效系统深度融入政府治理的数字化场景中，并通过人才群体的需求信息，以及数字化网络的舆情信息，精准获知人才政策是否得到充分执行，以及社会其他群体对政策的公正性评价。在回应适应方面，人才治理的数字化应用场景开发，可以通过观察人才政策执行全流程的主体参与情况和主体反馈情况，从而更加精准地获知人才政策的最终实施成效。

第四节 人才政策评估的数字化方法新模式

数字时代的技术发展使得公共政策的评估深度内嵌于治理体系之中。在

第五章　人才政策评估的数字化方法新模式

传统的决策周期模型中,评估往往是决策完成之后单独进行的一个环节,位于整个决策周期的最末端,其滞后性和潜在风险是政策评估效能大打折扣的主要原因。但进入数字时代以后,基于数字技术建立起来的全样本、实时性、交互性的平台型治理体系,使得政府政策的制定、执行、评估和修改开始高度融合在一起。如借助于城市大脑和领导驾驶舱,决策者可以更加直观、更加及时地了解到包括人才政策在内的各项公共政策的运作情况,并基于核心监测指标以及总体政策指数的情况,综合判断乃至调整人才政策的总体安排。这也意味着,进入数字时代的公共政策评估,其不再是一个单独的政策环节,而是成了人才治理体系乃至城市治理体系中的一部分。具体来说,人才政策评估的数字化方法需要通过治理目标的重塑、治理思路的创新,构建起以数字驱动为特征,场景和界面融合的人才政策评估"双层嵌套场景治理"新模式。

一、目标：构建简约高效的人才治理体系

构建简约高效的人才治理体系是新时代完善人才治理体系的目标。在快速的数字化转型进程中,完善人才治理体系的目标常常因为难以适应新变化而陷入低效的困境,从增长而非绩效的逻辑,重构并完善简约高效的整体性人才治理体系应成为新的目标。但在实践中,不少地方政府依然延续着传统科层制中条块分割的组织形态并造成了政策过程在事实上的不协调,这是由于政府不同部门目标追求、认知能力、行动资源和自主权行使等方面的不同,各部门拥有不一致的偏好与目标,当政策任务和权限在同一级别的政府部门之间进行分配时,它们会从不同的价值立场、认识角度或用不同的标准来定义政策问题并做出差异化的反应,而正是这种协作不足和激励机制扭曲往往会导致政策的走样。为解决这一困境,明确各部门共同认可的价值理念,建立起各部门协同的整体性工作体系,树立增长而非绩效的工作逻辑,以不断提升系统的整体回应能力,以上构成了完善人才治理体系的总体目标。

数字化转型时代人才政策评估的数字化方法新模式就是基于"有效性、合法性和可持续性"的原则,构建起的简约高效的人才工作整体性格局。有效性强调治理是否促进问题解决,合法性涉及治理过程是否得到治理对象认可,可

人才政策评估的数字化方法

持续性涉及治理是否能够应对外生冲击而保持其有效性。[①] 基于以上基本原则导向，简约高效的整体性人才治理体系包含了从政策制定到评估再到修订的全部流程，并在不同阶段拥有阶段性的目标。其中，政策制定要基于人才数据库和人才需求，制定更加精细、更加有效的人才政策；政策评估要基于人才政策实时数据，更加实时、更加全面地评估政策的执行情况；政策修订要基于政策实施的情况，更加精准、更加高效地修订人才政策。总结而言，人才工作整体性格局的总体目标是在部门协作的过程中，追求人才工作的增量发展；阶段性目标是借助于数字工具的技术优势，实现人才政策评估和人才政策过程的精准、及时、高效。

综合来说，如图 5-3 所示，数字时代构建简约高效的整体性人才治理体系，一方面要抓住完善人才治理体系这一核心要素，基于人才治理体系现代化和人才治理能力现代化的系统框架，在体系完善上建立协同型的组织结构，在能力提升上强化政策体系的增长支撑。另一方面，完善人才治理体系也要抓

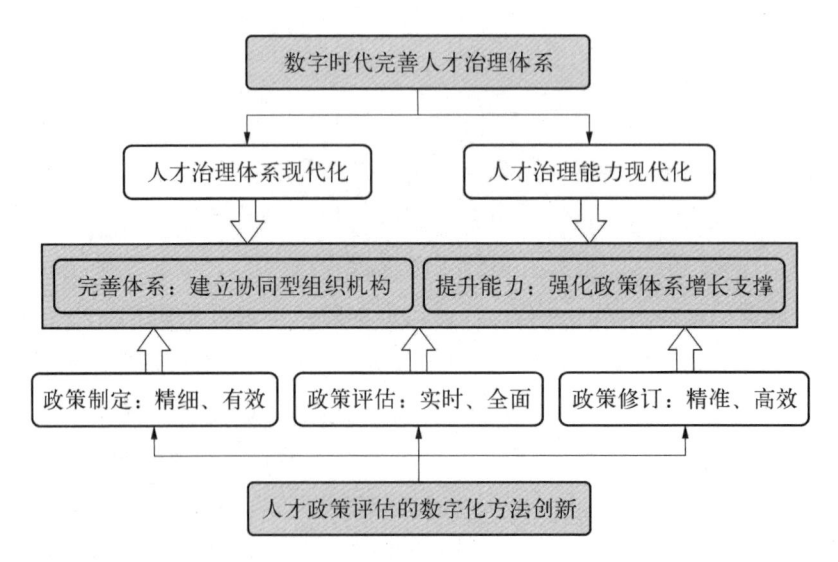

图 5-3 人才政策评估数字化方法的总体思路

图片来源：作者自制。

[①] 李文钊.双层嵌套治理界面建构：城市治理数字化转型的方向与路径[J].电子政务，2020(7)：32-42.

住全流程的人才政策评估数字化方法创新这个抓手,在人才政策评估的数字方法设计中,明确各个阶段的目标,具体包括,政策制定的精细、有效,政策评估的实时、全面,政策修订的精准、高效,以此全面提升人才工作绩效。总结而言,在人才治理现代化的要求下,人才工作创新不应止步于对技术理性的追求,而应以共建共治共享的良好治理生态和促进人才发展为目标愿景,弱化不同部门之间的治理结构和治理流程刚性,并通过调和治理能力成长性与治理体系回应性间的矛盾,为完善人才治理体系提供有力的工具支撑,不断完善人才政策流程,最终打造简约高效的整体性人才治理体系。

二、思路:推动治理—技术—数据深度融合

随着大数据、云计算和人工智能技术的发展,政府治理的数字化转型已经成为治理创新的新增长点。目前,由理论界呼吁而起,被企业和资本力量"加持"的数字化转型正在以星火燎原之势在全球范围内开展。但从已有的实践来看,当前不论是学术界还是实务界,对于政府治理数字化转型的理解过多倚重于"技术逻辑"和"数据逻辑",经常强调从技术和数据的视角来思考概念性框架,而忽略"治理逻辑",且缺乏对治理情景本身的考虑,由此导致了不少政府治理的技术应用面临着"绩效困境"或"满意度困境"。[1] 事实上,技术和数据必须嵌套在治理场景中才能够发挥作用。这也意味着,人才治理数字化转型要求我们兼顾"技术逻辑""数据逻辑"和"治理逻辑",发展出统一的框架来解释并应用数字化转型,并在此基础上探索同时包含技术本质、数据本质和治理本质的治理新框架。

数字时代的人才政策评估创新要推动治理逻辑、技术逻辑、数据逻辑的有机融合,而其关键是在多重逻辑框架下明确数字化转型的要略。一般认为,"技术逻辑"是以技术为载体展开的,其核心要义是技术作为解决问题的工具,要从可行性的视角去分析方案;"数据逻辑"是以数据为载体展开的,其要点是通过大数据的收集、存储、运算等,从数据中发现规律或问题,为决策提供数据

---

[1] 李文钊.双层嵌套治理界面建构:城市治理数字化转型的方向与路径[J].电子政务,2020(7):32-42.

支撑;"治理逻辑"是以公共事务治理为载体展开的,其最初含义是政府如何解决他们面临的实际问题,随后演化为多层次、多领域、跨部门的协同、合作和网络化行动,按照紧迫程度逐一解决是治理逻辑的要义。数字时代人才政策评估创新的逻辑融合,需要以治理逻辑为根本,以数据治理逻辑为主线,以技术逻辑为工具,围绕人才服务,运用数字技术工具在数据中发现问题、基于治理逻辑去解决问题,以此不断提升人才治理的效能。

人才政策评估的数字化方法创新需要以问题为导向,以融合为思路,并在此基础之上重构人才治理工作体系。如图5-4所示,从理论层面来看,技术、数据和治理至少可以形成四组关系,即治理—技术关系、治理—数据关系、技术—数据关系、治理—技术—数据关系。但已有实践更多是技术逻辑和数据逻辑主导,治理逻辑发挥作用还不大,在"拿着锤子找钉子"的过程中,问题不精准也使得技术和数据赋能治理的效果不佳。推动治理逻辑与技术逻辑、数据逻辑相结合,关键需要回答技术和数据能否促进治理问题的解决,能否改进治理全过程,能否促进不同主体治理能力的提升这些问题。这也要求人才政策评估的数字化方法制度设计要在明确各个逻辑主要导向的基础之上,抓住紧迫性、可行性、支撑性三个关键要素,推动人才政策评估创新"治理—技术—数据"的有效融合,实现基于大数据的算法和数字化的技术工具来评估发现问题,通过人才政策的制定、执行及全过程评估去解决问题并优化人才治理体系,并在此过程中不断推动治理系统的迭代升级。

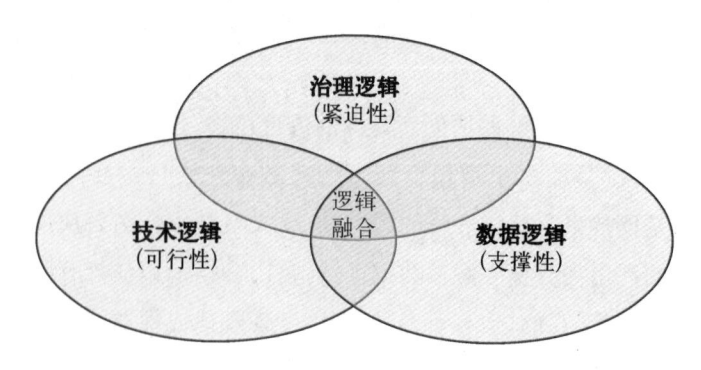

图5-4 人才政策评估数字化方法的逻辑融合思路

图片来源:作者自制。

三、方法：探索数据驱动的政策精准定制

持续提升政策精准度以及政策对象的获得感是当代治理创新的主要方向之一。从时代变迁的逻辑来看，进入新时代以来，我国社会主要矛盾的转化，以及从中央到地方对人民群众获得感和安全感的反复强调，无一不在呼吁更加精准、更加有效、更加可持续的政府治理新模式。也即通过精准化的服务，提升人民群众的获得感，推动政府与公众的良性互动，并进而不断提升政府的治理效能。从技术进步的逻辑来看，进入数字时代以来，当人们强调治理"最后一公里"的时候，实际上已经承认了一个更加原子化的社会现实，并由此开启了将传统的普惠型的、批发式的公共政策向定制化、精准化的方向发展。正是在这一背景下，约翰逊等在公共管理领域提出了"精准治理"的概念，并认为其是政府通过构建治理体系，利用数据信息技术的收集，来反映个体和公众集体的选择。[1] 这也意味着，运用数字技术等新的工具手段精准确定公众需求，基于公众需求供给定制化的精准政策成为数字时代治理创新的新追求。

人才政策评估数字化方法新模式是针对需求侧和供给侧实施精准管理的治理变革。在精准的需求侧管理方面，人才政策的供给主体要了解政策目标群体的政策服务使用偏好，及时对政策需求发生的时间、地点、人群，所需服务类型、数量、品质等数据进行有效的收集，并通过大数据的交汇分析，评估其真实性与可靠性，提前鉴别和分离需求的不同类型，并进行有效的需求预测，以此做到服务资源的提前准备，避免政策供需的错位。在精准的供给侧管理方面，数字技术的发展给人才政策的分类管理和交互分析带来了便利，基于前期政策执行与政策效果评估的因果链条基础数据库，人才政策的供给主体可以建立起由不同政策组合汇总的、针对不同政策群体的定制化人才服务政策，以此实现政策的精准化、个性化。

人才政策评估的数字化方法创新，就是将政策评估的思路应用到政策供

---

[1] Johnson E, Krishnamurthy R, Musgrave T, et al. How Open Data Moves Us Closer to "Precision Governance" [M]. Washington DC: International City/Country Management Association, 2013.

人才政策评估的数字化方法

需的综合分析之中,以此探索数据驱动的政策精准定制新模式。如图5-5所示,一方面,数字时代的人才政策评估,可以通过人才个人基础数据的收集整理,人才群体全息数据的汇总分析,人才成长规律数据的归纳演绎,并在此基础上形成针对不同人才群体,甚至是单个人才个体的政策需求画像,从而做到对于政策需求侧的有效管理、精准管理。另一方面,数字时代的人才政策评估,可以通过对基础人才政策的整理归类,附加人才专项政策的梳理分类,个性人才政策工具的灵活组合,并基于对已有各项人才政策的内容和效果的大数据分析,构建起人才政策的效果矩阵图,再结合已有的人才群体或人才个体画像,通过不同人才政策的排列组合形成定制化的人才政策推送,从而做到供需管理的精准、及时、高效。

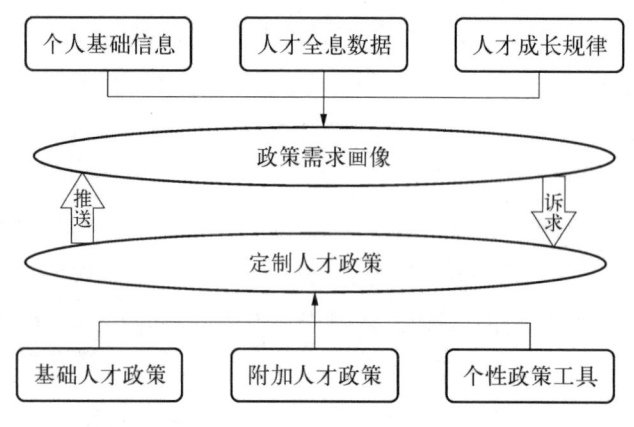

图5-5 人才政策评估数字化方法的供需分析

图片来源:作者自制。

四、模式:打造双层嵌套场景治理新模式

在数字化转型背景下,人才政策评估的数字化方法新模式就是以构建简约高效的整体性人才治理体系为目标,基于治理逻辑、技术逻辑、数字逻辑融合的思路,以人才政策的精准评估和定制服务为抓手,打造以场景为中心的、双层嵌套的数字化人才治理体系。

(一) 以场景为核心的政策内容建构

人才政策评估的数字化方法及其体系建构过程中,应用场景构成了政策落实的核心内容。20世纪80年代末以来,后工业社会的到来使得大批的制造业从城市中心撤离,在"地租"的压力下,经济附加值更高的金融服务、高新技术、休闲娱乐、零售百货等开始占领中心城区,消费型城市成为新的城市形态。而随着城市形态的转变,传统以生产为导向的社会理论已经不能完全解释城市发展的内涵,而需要以消费为导向的一套新学术话语体系来对后工业城市的发展进行诠释。[1] 于是,以消费为导向,以娱乐生活为载体,以文化现象为形式的"场景理论"应运而生,并在一定程度上重塑了后工业时代的城市发展。正如芝加哥学派的格莱泽在《城市的胜利》一书中所指出:后工业城市优势体现在吸引高素质人群的能力上,而这种吸引人才的元素不是传统理论强调的经济性因素,而是城市所能提供的文化与生活方式。[2] 换言之,场景就是解决城市如何吸引高级人力资本的一套学术话语体系。

场景理论应用到治理领域就形成了中国场景[3]、治理场景[4]和应用场景[5]等,前两者更多地泛指中国的特殊国情或社会背景,而后者则指针对某一个政策闭环的政策全过程数字化再现。具体而言,应用场景是沿着"吸引人、映射人、满足人"的基本思路,借助于数字技术的线上或虚拟优势,围绕以"人"为中心的基本价值,将之前只能线下或当面完成的实现数字化,并在此过程中满足不同人的差异化需求,提升治理的绩效和能级。其中,环境(时间、空间)、人(用户或消费者)、技术是应用场景的三个核心要素。[6] 这也意味着,人才政策评估的数字化方法及其体系建构,需要针对人的感知和需求,把硬件建设和

---

[1] 吴军,克拉克.场景理论与城市公共政策——芝加哥学派城市研究最新动态[J].社会科学战线,2014(1):205-212.

[2] 格莱泽.城市的胜利[M].刘润泉,译.上海:上海社会科学院出版社,2012:221.

[3] 李大宇,章昌平,许鹿.精准治理:中国场景下的政府治理范式转换[J].公共管理学报,2017(1):1-13+154.

[4] 徐亚清,于水.风险、场景与权力:论新时代网络治理的话语建构[J].中共中央党校(国家行政学院)学报,2020(6):88-95.

[5] 李贝雷.人工智能嵌入国家安全的应用场景、潜在风险及其应对策略研究[J].情报杂志,2023(4):20-26+19.

[6] 李梦薇,徐峰,高芳.人工智能应用场景的界定与开发[J].中国科技论坛,2021(6):171-179.

人才政策评估的数字化方法

软环境建设融合在一起,基于生活的逻辑,通过场景来吸引人,运用场景来解决并满足多样化的需求,最终通过多样化的场景组合形成新的人才治理体系。

(二) 以界面为核心的政策工具打造

人才政策评估的数字化方法及其体系建构过程中,政策界面构成了政策落实的核心工具。界面理论由赫伯特·西蒙最早提出,在西蒙最初的研究中,界面等同于人工物,他指出:人工物可以被想象成为一个汇合点,一个界面,这一界面处于内部环境和外部环境之间,内部环境就是人工物的实质和组织模式,外部环境就是人工物运行的环境。[①] 在西蒙看来,界面作为人工物和自然的边界汇合点,其在一定程度上也具有人工物的特性,即可以被理解、可以被设计。近年来,界面治理理论的兴起一方面跟公共事务越发复杂,单一政府部门已经无法独立解决公共问题,需要更多的内部协同有关;另一方面也与整体性治理理论兴起之后,社会公众对于整体性服务的要求,与条块化的政府之间的矛盾日益凸显有关。在这场治理改革中,公众越发要求政府能有一个单一的前台界面(部门或窗口)来解决其面临的问题,而将协同的事宜放在政府后台,即整体性政府向公民的最终展现就是一个界面。

界面理论在人才政策评估的数字化方法及其体系建构中的应用具有两层内涵。一方面,数字技术赋能的整体性治理需要通过大数据的共享和数字工具的创新推动部门的协同,打造面向决策者的治理工具界面——数字驾驶舱,这是人才治理体系的内部界面;另一方面,整体性人才治理体系也要求通过数字工具的快速回应和精准推送,打造面向政策客体的服务界面——应用程序,并通过治理场景为政策客体提供服务,这是人才治理体系的外部界面。在这一过程中,两个界面的双层嵌套和融合构成了数字驱动的人才治理实践路径,并以不同应用场景的形式表现出来。

[①] Simon H A. Artificial intelligence: an empirical science[J]. Artificial Intelligence, 1995, 77(1): 95-127.

(三) 人才政策评估"双层嵌套的场景治理"体系

基于人才政策评估内嵌于人才治理体系中的系统特征，以及数字技术在治理领域应用的"场景服务"和"界面整合"相互嵌套结构，人才政策评估的数字化方法体系就是构建以场景为内容、以界面为工具，场景和界面融合的人才政策评估"双层嵌套场景治理"体系（如图 5-6）。在体系设计中，以人才工作的两端——人才政策决策者、人才主体的问题和需求为导向，以数据融合、技术融合、部门融合、政策融合为基本思路，打造面向两个主体的整体性工作界面是数字时代人才政策评估体系建构的核心逻辑。其中，问题和需求导向就是针对当下人才工作中的高频事项形成应用场景，并以场景为中心，重构以评估为核心内容的人才治理体系，形成两个工作界面；融合就是基于大数据的全生命周期及参与式、包容性等特征，遵循体系化的思路，将人才工作的各个块

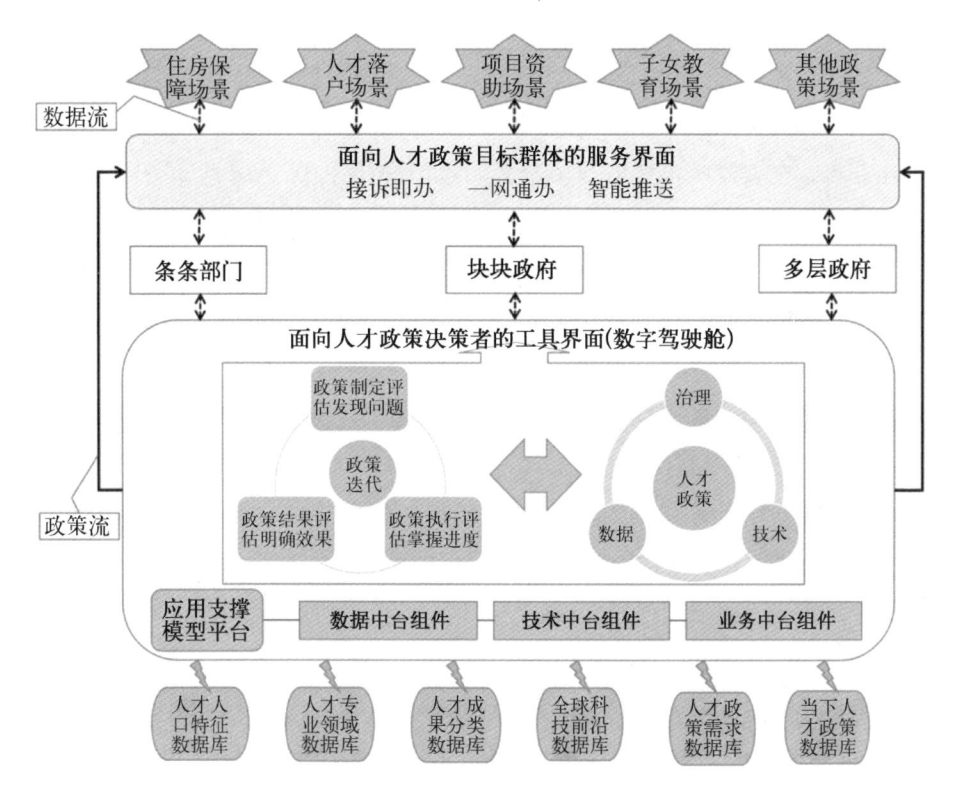

图 5-6 人才政策评估"双层嵌套场景治理"体系

图片来源：作者自制。

面和各种场景融合起来,打造整体性、闭环式的政策迭代逻辑。

人才政策评估双层嵌套场景治理体系具有四层内涵。一是数据与技术的融合。在整合人才人口特征数据库、人才专业领域数据库、人才成果分类数据库、全球科技前沿数据库、人才政策需求数据库、当下人才政策数据库等数据库的基础上,开发数据中台组件、技术中台组件、业务中台组件,为人才政策评估的数字化方法体系打造提供基础支撑。二是技术与治理的融合。在数据分析的基础之上,通过人才政策制定评估发现问题,通过人才政策执行评估掌握进度,通过人才政策结果评估明确效果,实现基于"治理、数据、技术"的人才政策重构和输出,构建面向人才政策决策者的工具界面,即数字驾驶舱。三是部门与政策的融合。以构建面向人才政策目标群体的服务界面为目标,在人才政策数字驾驶舱的统筹下,实现条条部门、块块政府、多层政府之间的协同融合,为人才政策目标群体提供及时、便捷、精准的人才政策,建设整体性政府。四是场景与需求的融合。聚焦于人才工作中的"瓶梗阻"问题,以人才主体需求为核心,打造针对不同问题和需求的政策场景,满足不同政策目标群体的多样化需求。在人才政策评估双层嵌套场景治理体系中,人才政策评估的数字化方法为其核心内容,是数字化转型背景下人才治理体系创新的总体构思。

五、双层嵌套场景治理体系的建构与应用

人才政策评估双层嵌套场景治理体系可以被看作是城市大脑的一个子集。与生物智能的数据传输和处理可以同步由神经突触和神经元协同完成不同,城市大脑的基本逻辑是在冯·诺依曼结构体系"运算和存储单元分离,两者通过数据总线连接"的基础上构建起来的。因此,人才政策评估的数字化体系至少包含数据库、技术组件和应用界面三个部分。[1]

(一) 数据库建设

数据库是人才政策评估双层嵌套场景治理体系的基础组成部分。实践中,数据结构复杂、业务指标复杂、主体需求复杂是数据库建设的难点,再加上

---

[1] 柳进军.城市大脑的逻辑模型[J].人民论坛·学术前沿,2021(9):26-34.

数据来源分散、产权不清、共享壁垒等制约因素,数据仍然是全球数字化转型的最主要制约。人才政策评估的数据库建设要从制度和标准入手,夯实人才治理数字化转型的数字底座。一是按照"标准向上看齐"的原则,严格执行目前最上一级关于政务信息化、数据结构和数据共享的标准,确保数据可累积、可共享、可使用。二是建立各级各部门大数据采集责任制,明确业务部门和支撑机构的信息采集责任,依法、及时、准确、规范、完整记录和采集机构履职过程数据。三是以国家数据局的组建为契机,在国家数据管理标准的基础上结合人才工作需要,确立人才工作的基础标准、数据标准、技术标准、管理标准,以标准化建设促进数字化转型。

人才政策评估双层嵌套场景治理体系的数据库建设需基于分类原则差异化推进。一方面是针对相对静止的数据,如人才人口特征中的姓名、性别、出生年月、家庭结构、住址等,以及人才专业领域的毕业院校、专业特长、技能(职称)等级等,这些数据大多已被公安、人社、教育等部门收集,因此主要工作是打破壁垒,实现共享。另一方面是针对相对动态的数据,如人才成果分类数据、全球科技前沿数据、人才政策需求数据、当下人才政策数据等,这些数据呈现出结构化、半结构化及非结构化并存的特征,数据来源既包括政府部门,还包括综合门户网站和专业第三方平台,以及新闻和社交媒体等,这就需要对这些数据进行"抽取、转换、清洗、标识、入库"等操作。具体而言,首先是将原始数据中与人才工作相关的抽取出来,其次是按照可以运作的相关技术标准进行转换,再次是清洗不相关数据并对数据缺失进行补充,从次是根据人才工作需要为数据打上可以检索调阅的标签,最后是基于不同类型分别载入对应数据库。

(二) 技术组件建设

从大数据到有参考意义的政策或知识,人才政策评估双层嵌套场景治理体系的运作主要依靠技术组件,也即应用支撑模型。一般而言,数字化工作体系的技术组件主要包含数据中台、技术中台和业务中台三个部分。其中,数据中台以人才数据要素为主,构建起基于当地的人才数据资源、人才数据治理服务以及人才数据应用,并为数字化系统提供人才数据资源采集、人才数据预处理、人才数据存储、人才数据管理、人才数据开发、人才数据可视化任务编排等核心功能支撑。技术中台主要是借助开放算力,通过算法数据标注、算法训练、算法评测和算法管理,为人才工作相关的数据计算提供算力引擎和策略服务,为数字平台的图形合成、指标拟合、趋势预测、数字孪生等提供支撑。业务中台是围绕人才工作业务,既提供人才认证、政策筛选等统一的业务组件,又针对不同的人才工作领域和应用场景提供基于接口服务商店的业务模型和算法,以此为跨层级、跨系统、跨业务的协同管理和服务提供应用构件。

人才政策评估双层嵌套场景治理体系建设需树立依靠但不依赖智能技术,逐步迭代优化系统的思路。一方面,在将复杂的现实社会进行数字化和模型化的转换过程中,存在极度简化客观世界的缺陷,这是数字决策系统远未达到完美的最重要限制因素。另一方面,在实践过程中,随着数字技术的不断发展,决策系统也需要根据政策执行的实际反馈不断调整和优化。因此,在决策过程中,除了利用各种数字技术组件和模型为政策选择提供不同的备选工具和方案外,必须重视有经验的专家在决策选择中的作用。尤其是当遇到智能模型难以做出判定的新情况,如系统挖掘发现"人机融合"近期突然成为全球科技前沿的热点。在判断决策系统给出的科技人才政策投入跟进建议是否应被采纳时,我们就需要依靠有经验的专家结合当地实际情况以及前沿科技发展规律做出综合、理性的论证和判断。

(三) 应用界面建设

政府公共服务应用场景的搭建包括服务过程的场景重构、实现的路径建设、设定信息的接收方式、调整场景的匹配模式与系统化服务推送等内容。在这一过程中,树立"用户中心"思维,突破当下"一件事情"办不完的通病,[1]打破以往条块分割、单打独斗的窠臼,在两个界面建设中遵循问题导向、业务融合是人才政策评估双层嵌套场景治理体系建设的要点。

1. 面向人才政策决策者的数字驾驶舱界面

数字驾驶舱是人才政策评估双层嵌套场景治理体系的内部界面。数字驾

---

[1] 高骞,史晓琛,黄佳金,等.推进数字化转型应用场景建设需要关注的问题与相关建议[J].科学发展,2022(9):28-33.

驶舱运作的基本逻辑是,基于"治理—数据—技术"三维框架,完善以政策评估为核心的"发现问题—掌握进度—明确效果"人才政策迭代,并在两者的相互促进下推动人才治理体系优化。其具体包含三类情况。一是总体指数情况。通过对可以反映人才政策成效的各项数据指标赋权后再拟合,建立人才工作评价总体模型,从面上多维、实时反映当地人才总量、人才质量和人才活力,实现人才工作"心中有数"。二是重点区域情况。以实时数据和地方区划地图为基础,将当地各类人才的存量、专业、层次和特长等供给侧信息同用人主体人才需求根据坐标融合,构建人才供需地图,并通过不同标识对非平衡态进行预警。三是重点任务情况。针对当地重大人才政策,通过建立实时横向比较模型,准确得知当地人才政策相比全国乃至全球所取得的成效和不足;通过建立实时纵向比较模型,对比人才政策时间节点安排,及时得知当地人才政策执行进度和成效;通过建立异动模型,对涉人才数据的非正常情况进行预警分析并及时干预,提升政策韧性。

面向人才政策决策者的数字驾驶舱不但要为决策者"提出问题",更要为他们提供解决方案。具体来说就是,要充分发挥数字技术的分析功能、预测功能、关联功能,建立并完善人才政策工具集。一是根据当地基本情况,建立起针对本地实际人才政策的"投入—产出"映射集,为决策者的每一项选择提供最终绩效预测分析,提升政策选择的导向性和可预测性。二是在面向全国乃至全球人才政策大数据收集分析的基础上,建立起针对不同人才工作问题的"问题—对策"工具集,为每一个(类)问题提供备选政策工具,并进一步明确该政策选择的最终结果,为决策者提供参考。三是通过大量且长期的数据积累和计算模型优化,针对不同的人才工作问题,为决策者提供多套综合性解决方案,并标明每个方案的优缺点以及相应的政策结果预测,为决策者提供综合参考。

2. 面向人才主体的应用场景服务界面

应用场景是人才政策评估双层嵌套场景治理体系的外部界面。在数据库和技术组件的支持下,决策者基于数字驾驶舱的政策选择最终会在"需求导向、整体融合、一站服务"思路的指引下,推动条条部门、块块政府、多层政府实现政策整合式创新,并以整体性服务界面的形式为人才主体服务。实践中,面向人才主体的服务界面会展现出不同的形式,如门户网站、社交媒体平台程序、桌面和移动终端应用等。在以需求为导向的应用场景设计中,又可以分为三个类别。一是接诉即办,这是一种回应性治理思路,根据人才政策目标群体的需求,借助于数字化平台的融合整合性特征,高效回应其诉求。二是一网通办,即搭建整合型的数字化平台,通过大数据局(中心)统一的授权和管理,实现一次登录、一套流程、一网办成。三是智能推送,在人才主体群体特征分析、自我诉求表达和业务办理历史数据的基础上,基于人才全生命周期成长规律,智能化地向其推送服务信息,提升人才政策目标群体的感受度。

  应用场景运转的关键是建立包括"诉求发起—条件判断—材料审核—政策落地—服务评价"在内的服务闭环。以住房保障场景为例,在人才引进过程中,用人单位或人才主体自己会根据智能推送和自身需要,在服务界面上查询其是否符合住房保障条件,这一诉求提交后将调动后台相应的数据库等进行比对分析,并在模型计算的基础上迅速准确地给出是否可以享受政策的结果,如果条件不符合,系统会列出不满足条件的原因,如果条件符合,系统会提示办理所需的材料、流程和时限。接着,人才主体按照要求在线上或线下提交相关资料,系统人工或自动比对审核后会给出通过或不通过的提示,如果不通过会说明不通过的原因,如果通过则这一政策诉求会自动转入住房保障部门。住房保障部门会根据人才主体的层次和可以享受的优惠政策,为其提供线上或线下办理选房或领取补贴服务。在办理完成后,人才主体有机会对服务进行评价或被抽查进行评价,由此形成政策场景的闭环。在这一过程中,业务办理形成的新数据,会再次返回相应数据库,为以评估为核心的人才治理数字化体系运转提供新的数据支撑。

第六章　人才政策评估数字化方法的案例分析

近年来,数字技术的飞速发展不仅推动了政府治理的数字化转型,同时也给人才政策评估的数字化新方法探索带来了机遇。具体来说,数字化工具应用不仅改变了已有的人才政策评估数据收集思路和方法;同时也可以通过计算模型新建和数据模型优化,实现人才政策评估的精准、实时、全面;更为重要的是,数字化工具在政策评估和流程再造中的应用,也在一定程度上推动了人才工作的数字化转型与治理创新。

第一节　雄安新区人才政策评估的网络分析方法[①]

为充分发挥大数据在公共政策评估方面的支撑作用,国家发改委依托国家信息中心大数据发展部(国家发展和改革委员会互联网大数据分析中心)所掌握的新闻论坛、社交媒体、电商平台、网络就业、投融资、专利文献、学术期刊、工商注册、企业经营、政府招中标等多个种类的相关数据资源,综合运用共词网络、情感分析、自动分类、文本聚类、社交网络分析、数据可视化、机器学习等方法,探索形成了基于网络大数据的公共政策评估实践。

---

① 案例来源:王建冬,童楠楠,易成岐.大数据时代公共政策评估的变革[M].北京:社会科学文献出版社,2019.

人才政策评估的数字化方法

一、实施背景

在《中共中央 国务院关于支持河北雄安新区全面深化改革和扩大开放的指导意见》提出雄安新区要"创新选人用人机制,建设高端人才集聚区"的总体目标之后,坚持聚天下英才而用之,深入实施人才优先发展战略,建立适应雄安新区开发建设与高质量发展的选人用人机制,建立高层次人才引进与激励政策体系,优化就业创业、成长成才环境,形成具有国际竞争力的人才制度优势成为雄安新区人才政策的战略导向。为了实现人才高地的建设目标,自雄安新区设立以来,党和国家高度重视新区人才引进,地方也出台了一系列优惠政策吸引人才流入。为了了解雄安新区人才政策的相关情况,国家发改委大数据中心根据其掌握的相关大数据,通过网络分析方法对雄安新区的人才政策绩效进行了评估。

二、数据方法

一是采集2017年4月1日至2017年6月28日之间,互联网主要渠道中与雄安新区话题直接相关的信息。主要通过搜索引擎的全网搜索和大数据归类,对相关的话题和主要内容进行类型辨析。其中,关注数和评论数是衡量话题热度的主要标准。关注度高说明该问题回应了人才需求,是人才政策精准性的体现。

二是以科技人才在搜索引擎的搜索量为数据基础,以关键词为统计对象,计算出各个关键词在搜索引擎中搜索频次的加权和,构建出科技人才搜索指数。以此反映科技人才的关切点和关注度。通过分区域的数据统计,可以得知不同区域对于雄安科技人才政策的兴趣度。再通过对在雄安新区工作的科技人才分析,可以勾画出雄安新区科技人才的群体特征,以及科技人才政策的成效。

三是采用移动通信手机信令数据。手机信令数据作为个人活动数据的记录,包含大量丰富的信息,如活动的位置、时间、热点区域分布和常驻地点,这为从手机信令数据中挖掘职住地的位置提供了可能。研究者可以通过对数据进行聚类处理以获取相关信息,这些移动通信手机信令数据是分析雄安新区科技人才来源、年龄、学历等信息的主要来源。

三、主要内容

（一）通过话题舆情分析科技人才政策热度

通过对雄安新区相关的话题热度和舆论情绪分析，按照报道量和积极情绪占比两个维度的分析，课题组发现，雄安新区设立以来即引发舆论高度关注，随着新区规划和建设工作的常态化推进，话题热度有所降温，但仍远高于一般热点话题。同时，科技人才关注点逐渐由初期的楼市、股市两大热点转移至新区的规划发展，总体来看讨论呈现渐趋理性，对新区建设的信心不断增强，积极情绪占比呈波动上升态势。

具体来说，2017年4月1日设立雄安新区的消息公布后，新闻报道量就开始迅速攀升，各领域专家积极发声探讨新区设立的意义及未来建设规划的重点、难点，普通民众也通过自媒体踊跃表达观点，话题逐渐发酵，在2017年4月5日达到顶峰。随后话题降温，直到2017年5月6日，国务院原副总理张高丽在河北实地察看和调研雄安新区规划建设有关工作，再次引发热议，提及量达到小高峰。

结合科技人才评价看，越来越多的科技人才认为雄安新区的设立意义重大，不仅有利于缓解首都交通拥堵、雾霾锁城、房价居高不下等问题，还可为当前进入"深水区"的国企改革开辟新路径。同时，随着各级党政机关、大型企业发声支持新区建设，科技人才关于雄安新区将沦为炒房新地的担忧、对雄安新区建设的质疑声音逐渐减少。

（二）通过话题关注分析科技人才关注领域

通过对雄安新区建设举措的互联网反响统计，按照关注度和满意度两个维度分析，课题组发现，新区设立以来，国家有关部门和河北省政府采取多方面措施推进新区建设，受到了科技人才普遍好评，满意度均在85%以上。其中，组织编制相关规划满意度最高，达99.27%，科技人才点赞规划编制过程中各级干部深入新区各地调研的方式，认为这样编制出的规划才可切实解决新区群众关注的热点难点问题，为新区建设打下坚实的基层基础，提升了当地人才对新区未来发展的信心和希望。

推动创新要素集聚,研究出台支持政策获科技人才高度赞誉。科技人才表示感受到了国家对新区的重视,对新区未来可能变成"鬼城"的忧虑情绪大大缓解,对引进高校、科研机构、高端产业等创新要素的优惠和激励政策表示期待,对河北推进就业创业的工作满意度也高达98.44%。2017年6月底,雄安新区管委会印发《关于开展就业创业培训活动的工作方案》,提出将量身定制培训计划,实施精准培训。同时,召开就业培训暨劳务用工对接工作会议,为雄安新区百姓提供6.8万个就业岗位,由此引燃了新区群众就业创业热情。

加强土地和房产管理备受各界瞩目,关注度高达99.21%。科技人才认为,雄安新区的管控举措及时有力,新区经受住了多重考验,新区范围内没有出现未建先乱、抢栽抢种等现象。但管控的满意度相对偏低,部分科技人才认为一方面管控措施给当地企业和居民造成了一些不便,如一些从事建筑行业的百姓因此失去了原本的岗位;另一方面,因管控严密,缺少市场化运作,对比周边高碑店市等城市,市场活力及可快速收获的发展红利不明显。

(三)通过分区统计分析科技人才政策反响

为细粒度探究各省份科技人才对雄安新区人才政策的反应。选取"雄安新区"提出当月作为观测时间范围。从"雄安新区"提出当月各省份搜索行为可以发现,在提出"雄安新区"的"蜜月期"内,北京和河北属于"敏感型",在"雄安新区"提出第一天起,两地科技人才反应迅速,搜索量快速猛增并相较其他各省份而言达到高位;广东、江苏、山东、上海、浙江和河南等省份属于"高热型",科技人才搜索量伴随互联网信息传播的渗透逐步走高,于1周左右达到峰值后逐步降温并回归理性,符合互联网信息传播规律,但横向比较而言搜索量仍处于高位;湖北、四川、安徽等省份属于"潜力型",这些省份科技人才的搜索量处于中等水平,仍有较大上升空间;宁夏、青海、西藏等省份由于地理位置及人口基数等搜索量偏少,属于"观望型"。

从各省份科技人才关注指数分布情况看,各地科技人才对雄安新区的关注强度呈现以雄安新区为核心向外逐级减弱的辐射态势。其中,河北和北京远高于其他省份,位居第一梯队,关注指数最高,均大于200万,说明在全国范围内,该地区的科技人才对雄安新区最为关注;山东、江苏、浙江和广东四大沿海省份为第二梯队,关注指数均大于120万;山西、河南、陕西、湖北等中部地区次之,其他省份的关注度较低。这也意味着,雄安新区在制定人才流动政策时,要优先考虑吸引北京、河北、山东、江苏、浙江和广东6省份的科技人才。

(四)通过手机信令分析科技人才吸引成效

通过对雄安新区的移动手机信令数据分析,课题组发现,雄安新区对京津冀经济圈的科技人才吸引力最大。作为推动京津冀协同发展的重大举措之一,新区的成立引起京津冀地区科技人才的高度关注。大数据分析结果显示,在雄安新区流入的科技人才中,来自京津冀经济圈的占比超过90%,是长三角地区的46倍多。

保定和石家庄的科技人才率先进入雄安。雄安新区地处北京、天津、保定腹地,紧邻石家庄、廊坊、沧州等城市。保定当地市民凭借其得天独厚的地理位置优势,"近水楼台先得月",率先涌入雄安宝地"一探究竟",雄安新区来自保定市的科技人才占科技人才总数的41.32%;石家庄市的市民对雄安新区的兴趣也很高,在雄安总流入的科技人才中,有10.16%来自石家庄。此外,雄安新区是承接北京非首都功能疏解和科技人才转移的重点地区之一,随着大量央企、科研机构、事业单位等入驻雄安,雄安新区的未来布局也吸引了北京等地的大量科技人才。

科技人才中青年男性更愿意去雄安新区。数据分析显示,在进入雄安新区的科技人才中,69%为男性,且年龄分布多在23—40岁,可见,中青年男性是流入雄安新区的主力。此外,也有近两成的41—50岁中年人曾去雄安新区"考察",一定程度上反映了一些已在外地安家定居的成功人士也有赴雄安为新区建设做贡献的意愿。

第二节 水利人才政策评估的数字人才画像方法[①]

大河流域孕育了人类文明,治水兴水事关国家稳定和经济社会发展大局。新中国成立以来,党和国家确立了"治水兴水,人才为本"的基本方略,水利部党组先后提出"科教兴水"和"人才兴水"战略,并专门成立水利部人才资源开发中心,以此推动我国的水利人才队伍建设不断取得新成效。近年来,水利系统采用数字人才画像方法,多维度刻画水利人才状况,并针对水利人才个体/团队/单位/区域/行业等多种情况进行多维度统计分析,实现了对水利系统人才政策效果的全面掌握和政策的及时调整。

一、总体设计

建设水利人才数字化平台。结合数字化技术的云计算、Hadoop 分布式系统、MapReduce 编程等,通过数据的开放与整合,实现海量数据"统计、分析、挖掘、预测"的并行处理,处理结果的多方式、多维度展示,为水利人才政策的评估提供翔实的数据支撑。综合来说,通过数据整合与分析研判,并在此基础上推动政策评估,是数字工具赋能水利人才政策评估的三个要点。

数据资源整合。数据资源层主要是合理存储和管理各种数据源,为各类应用服务提供数据支持平台。水利人才大数据中心将人才数据资源组织为结构化主数据库(Master)及数据仓库(主题数据库)和非结构化数据的 HDFS 分块存储等部分,通过建立资源目录、多级元数据(基本元数据、应用元数据、对象元数据等)和对全库数据进行对象化标识及按规则抽取与同步,实现资源的虚拟化组织,屏蔽了数据的物理存储异构。数据库的整合为人才政策评估的数据交叉分析打下了基础。

数据分析研判。为了突出应用导向,分析研判部分使用了主流的大数据及数据挖掘技术,建立综合分析指标、大数据分析模型、监测预警体系,深度挖

[①] 案例来源:王济干.2019 年中国水利人才发展研究报告[M].南京:河海大学出版社,2020.

据信息背后所蕴含的人才状况与发展规律,分析水利人才政策,构建水利人才文献图谱,为水利人才队伍管理与规划、创新团队管理与发展等提供数据支撑。在这一过程中,大数据分析模型的使用、多元数据的实时收集和动态分析,使得人才政策的评估更加全面和及时。

人才政策评估。数字化平台可以提供多种形式的人才政策评估信息。一方面,通过可视化的展示系统,将大数据分析和研判的结果通过多种形式进行可视化展示,以更方便地知晓水利人才的底数;另一方面,通过数字化的人才画像,水利部人才资源开发中心可以更加清楚地知道人才政策的执行成效。作为人才政策评估的最终应用,可视化的展示平台和人才的群体画像与个体画像,使得人才政策评估的结果更加生动,也更加便于应用。

二、体系运作

(一)数据集聚,模块集成

水利人才画像依据时间跨度的不同可分为历史溯源、人才现状、发展预测等三个主要模块,其中以人才现状为主体。人才画像在内容上以人才结构、人才能力为核心要素,其中人才结构包括了人才的基本信息和专业方向,具体主要涵盖年龄、职称、专业、学历人才层次等;人才能力包括了人才的技能资格和业绩成效,具体主要涵盖工程、科研、管理、获奖、人才培养等内容。通过对水利人才基本信息的汇总,可以为人才政策的评估提供底层数据,而这些数据则构成了水利人才政策评估的底层数据库。

(二)数据分析,评估成像

水利人才画像具体描绘是人才政策评估的关键问题,具体包含内容维度、参照系维度和数据流维度。从内容维度来描绘水利人才画像在内容上可分为人才结构、人才能力两个方面。人才结构对应人才的基本信息、专业方向、技能资格和业绩成效共四个方面内容。其中,基本信息主要从人才的年龄、性别、籍贯、单位等方面开展数据挖掘和分析;专业方向主要从人才的专业、学历、人才层次、研究兴趣等方面开展数据挖掘和分析;技能资格主要从人才的专业知识考试、参加过的培训、专业技术资格证书、技能鉴定等;业绩成效主要

人才政策评估的数字化方法

从人才的课题研究(工程、科研)、效益创收、履职绩效、论文专著、制度标级、技能大赛等方面进行数据挖掘与分析。人才能力主要从效益、标准、技艺革新、人才培养(师带徒)、创新成果、授权专利个人荣誉、行业影响等方面进行数据挖掘与分析。细分的人才画像作为人才政策评估具体场景应用的支撑,是政策评估由数据到评估结果输出的重要中间环节。

(三) 画像对比,全息展示

参照画像与实体画像比较展示。人才画像可以从构建参照系的维度建立人才参照画像(靶像)和人才实体画像(真像),并通过两者的比较分析,获知人才政策的成效。人才参照画像(靶像)具有较强的通用性、概念性和理论性,其以人才基本要求为基础,对照岗位要求、任职条件、工作流程、事迹材料和考核要求等数据,即可形成人才参照画像。人才实体画像(真像)则是依托人才在一段工作周期内留下的种种数据及痕迹进行捕捉清洗,并进行关联性分析,以初步勾勒出人才在各个内容维度上的实体画像,再借助于主观评判和综合分析,应用程序可以对人才实体画像不断完善。

动态画像与静态画像比较展示。从数据流维度描绘人才画像。依据单点定位和全过程的不同,人才画像可描绘为静态画像和动态画像。人才画像相关数据流的来源、生成和反馈的全过程,构成了动态人才画像,可以实时反映人才政策的执行情况;若对其进行时间切片(定位),即可获得静态人才画像,可以精准获知人才政策的执行成效。静态人才画像是动态人才画像的基础,动态人才画像是静态人才画像的更新和繁衍。

以上两种方法都是人才政策评估结果由分析到展示的过程,即通过画像展示使得政策评估的结果更方便被观察和应用。

三、总体成效

利用数字化技术,水利人才大数据底座建设为水利人才政策评估提质增效提供了新的机遇,也探索了新方法。第一,通过内部人才数据库、系统内相关信息系统,以及外部公众平台、新媒体等信息的自动采集,形成水利人才的基本信息库,并结合行为信息和基本信息,形成针对不同群体和不同单位的人才画像(真像)。第二,通过对单位和行业人才的需求,以及地区和行业的水利人才政策目标分析,形成包含群体特征的人才画像(靶像)。第三,通过人才画像(真像)和人才画像(靶像)的对比分析,以此精准获知人才群体的总体特征,并在此基础上明确人才政策的执行绩效。从数据整合到数据分析,从数据分析到结果展示,从结果展示到政策修订,数字化方法通过人才画像赋能政策评估,有效提升了政策的精准性和及时性。

第三节 教师人才政策评估的数字模型分析方法[①]

教师人才队伍建设对我国教育强国战略的实施起着举足轻重的作用。近年来,我国中小学教师队伍规模不断扩大、结构不断改善、专业化水平不断提高,教师队伍的整体面貌发生了根本性变化。但当前教师人才队伍建设也存在不少短板、面临着严峻挑战。教育管理部门通过教师队伍的底层数据收集和共享,借助于数字模型分析技术,通过全过程的人才队伍和人才政策评估实践,实现了不断改善教师人才政策的目标。

一、实施背景

为了加快新时代教师队伍建设,国家出台了一系列针对教师队伍建设的人才政策。一方面,为了优化教师工作治理体系,更好地开展教师队伍建设工作,教育部提出了推进教师管理信息化的总体思路。2017年,《教育部关于全面推进教师管理信息化的意见》提出,要深刻认识教师管理信息化的重要意义,以深入应用教师系统为抓手,加快推进教师管理信息化,积极整合利用信息技术手段,创新教师管理方式方法,提升教师管理的效率与水平。全国教师管理信息系统的建立为教师人才队伍的信息化管理提供了基础保障,完善了政策评估的组织架构。另一方面,为了建设教育强国,办人民满意的教育,中

[①] 案例来源:杨现民,田雪松.中国基础教育大数据2018—2019:走向数据驱动的现代教育治理[M].北京:科学出版社,2021.

人才政策评估的数字化方法

央政府进一步明确了教师队伍建设的内容,并提出了打造一支新时代专业化的教师队伍的总体目标。2018年1月,《中共中央　国务院关于全面深化新时代教师队伍建设改革的意见》明确提出了运用数字技术赋能教师队伍建设,并确保新时代教师队伍建设改革政策落地的目标。立足于数据驱动的教师人才队伍治理这一着力点,教师人才政策评估的数字化方法框架内嵌于教师大数据信息化平台体系,并在整个系统运作中发挥了驱动力的关键作用。

二、系统架构

(一) 数据集聚,建设互通平台

数据整理的关键是用平台思维去归集数据。在数据方面,教师队伍大数据主要包括教师基础信息数据、教师教育教学活动数据以及教师培训研修数据三大类。教师基础信息数据分析指标包括：教师基本信息(性别、年龄、任教学科、任教学段、学历、职称等)、教师性别比例、教师职称结构、教师年龄结构、教师学历结构、专任教师数量、编制教师数量、教师流动率等。教师教育教学活动数据分析指标主要包括：备课量、上课量、学业辅导量、任教学科成绩提高率、课堂教学互动率、授课满意率等。教师培训研修数据分析指标主要包括：参训教师数量与占比、教师培训次数与时长、教师继续教育学分达标率与增长率、网络教研参与率、教研成果数量与结构等。以上三大类数据通过汇总整理,最终形成了教师人才政策评价的数据底座。在平台方面,教育部门委托专业机构建立了区域教师管理平台,该平台能够汇集各教师平台的信息,实现对本区域教师信息的"伴随式收集",为每位教师建立电子档案。同时,该平台不仅能够采集和有效整合学校教师管理系统数据,而且还能够与全国教师管理平台互联互通,形成系统统一、互联互通、安全可靠的区域教师基础信息库。

(二) 数据赋能,动态调整政策

将政策评估应用在政策制定和执行的全过程,精准推动教师专业能力发展是教师人才政策评估数字化方法发力的重心。教师专业发展是指教师个体由新手逐渐成长为专家型教师的过程,其重点是教师素质和能力的培育,其方法是强化教师培养培训。教师培养培训包括职前教师培养即教师教育和职后

第六章　人才政策评估数字化方法的案例分析

教师培训两个方面。传统的教师培养培训存在培养培训模式单一、资源分配不均衡、反馈不及时、评价不精准等问题,导致教师队伍培训效果大打折扣,难以达到预期的目标。数字化工具的应用推动了教师培养培训逐渐向个性化、科学化及精准化方向发展。依托数据平台的模块化精准分析功能,地方政府部门建立了教师培养的定向追踪机制。对于职前教师培训和专业发展,地方政府部门根据新入职的教师各项资料和数据,结合学校的现实需求,确定每位教师的发展目标及培养计划,动态实时追踪并记录教师的成长轨迹,以此实现政策制定的定制化、精准化。对于职后教师培训和专业发展,地方政府部门依托平台汇总的各学校数据,识别教师开展教学中存在的问题,进而根据问题和教师的自我反思数据确定教师参与培训的内容,进而推动政策的修订和优化。

(三) 综合应用,提升政策质量

在应用数字化工具进行测评的基础上,推动教师人才培育政策朝着更高质量发展是政策评估的重中之重。在教师人才队伍建设政策中,优化教师管理与评价是增强教师队伍发展活力的关键。但传统的教师管理存在学校教师队伍配置失衡、评价教师的方式及内容单一等问题。教师人才政策评估的数字化方法体系不但可以在教师的职前、职后培训中及时追踪政策成效并做出实时的改进,还可以通过数据的交汇分析赋能教师人才队伍管理和评价,并在此基础上推动教师人才队伍更高质量发展。在这一过程中,地方政府的教师管理平台通过建立数据应用模型,对教师教育教学活动数据、教师日常行为数据等教师管理数据的交汇分析,可以为学校教师资源配置、教师资格定期注册、职称评聘、评优评先、考核评价和项目申报等工作提供丰富可靠的信息和细致的管理服务。这不但有助于优化管理流程,提高管理效率,同时也有助于教师人才政策形成回路闭环,不断提升人才政策的质量。

三、成效分析

在教师人才政策评估中,数字化方法通过建立相关的数字模型,及时分析、全面分析、精准分析教师人才政策执行过程中和执行之后存在的问题,并采取有针对性的策略予以解决,从而更好地发挥人才政策的激励作用。具体而言,在教师人才政策评估的数字化方法实践应用中,建立协同式参与机制完善人才政策流程是其中的关键。在政策评估中,教育主管部门、社会、高校、学校等主体在教师人才队伍建设中通过提供数据并应用数据,从而可以精准发现教师人才队伍建设和政策执行中面临的问题,以及相关人才政策的具体成效,并在此基础上优化教师人才政策,优化教师人才整体素质结构,完善教师管理体制机制。

第四节　浙江人才政策评估的数字人才智治方法[①]

自2004年浙江省确立人才强省战略以来,全省人才工作经历了从以激励性人才政策来吸引人才,到以综合人才服务来集聚留住人才的转变。而在人才工作从管理向服务转型的过程中,浙江省经历了从"最多跑一次"到"政府数字化"的转型变革。在人才智治的全流程改革过程中,通过数据打通、政策打通、智能分析,浙江实现了将政策评估贯穿于人才政策全过程的目标。

一、制度设计

以数字化推动人才服务和治理一体化,以全过程的政策评估提质人才政策是浙江人才智治提质人才政策的关键。实践中,部门壁垒、地区壁垒、主体壁垒是割裂人才数据信息、制约人才工作的主要因素,也是人才工作数字化转型亟须攻克的首要难题。在治理的数字化转型中,通过打造浙江省乃至全国统一的人才流量入口、服务枢纽和数据中心,打通部门信息(如社保、医疗、教育等信息)、地区信息(如产业、政策、资源服务等信息)、人才信息(如人才和企业信用信息、人才服务机构等资源信息),不断完善人才工作的部门协同、区域联动、多元参与机制,在政策的制定、执行中不断评估政策、修订政策,以此推动人才服务和治理一体化目标的实现。

[①] 案例来源:陈丽君,朱蕾蕊.数字化时代人才工作整体智治展望——以浙江省人才工作数字化转型实践为例[J].中国科技人才,2021(4):6-12.

第六章 人才政策评估数字化方法的案例分析

二、政策要点

(一) 一件事全流程改革

一件事改革实现人才政策评估的全流程留痕和闭环式监督。为进一步推动人才服务标准化、流程精简贯通、部门互通联动，提升人才服务和人才需求的匹配度，浙江省以"一件事"改革为抓手，通过底层数据的归集、多项政策的整合，并借助于数字化工具不断评估中间的短板和不足，不断破除影响人才政策效能发挥的"瓶梗阻"问题，面向人才服务的多元场景不断得到优化。比如，杭州市余杭区围绕人才生活、创业、就业，系统梳理整合了人才落户居住、安家补助、职业租房、交通出行等13类93个人才服务事项和政策，率先推出人才创新创业全生命周期"e件事"平台和线下专窗，以等级类、职称类、技能类、学历类和海外类等五大类23种人才身份为主线索，"一站式"智能匹配推送人才高频事项，实现了人才事项办理"菜单式选择、自定义组合"。在这一过程中，通过数字工具的赋能，人才政策的评估被贯穿到"一件事"改革的全流程，人才政策服务的效能得到提升。

(二) 人才码汇数据探索

人才码推动人才数据汇集，为人才政策评估提供实时数据。参考"健康码"开发应用逻辑，浙江省内各地在"人才码"开发应用上加快步伐，不断推进人才工作部门"服务端"和人才"顾客端"的同向发力、交互赋能，人才工作数字化转型进入新阶段，人才政策评估也进入了精准化的新阶段。"人才码"的设计逻辑在于通过人才一键申领实现平台对人才数据的归集。作为人才的"身份证"和"浓缩档案"，人才通过扫码或亮码可以实现人才服务的"一码供给""一码兑现"，以此不断提升人才获得感。比如，杭州市"人才码"一期就上线了全科服务、专享服务、双创服务、生活服务、区县服务等五大类27小类百余项人才专属服务，实现了跨部门数据打通、信息主动提醒、资格协同确认、补贴即时到账、服务智慧联办。目前，湖州、嘉兴、台州、丽水、舟山等市级"人才码"已能通过浙江省一体化在线政务服务平台("浙里办")接入申领和使用。人才码以数据共享为基本突破口，以实时数据收集为关键点，从而可以实现对人才政策实施情况的全时段数据收集和评估。

(三) 科学化智能化方向

数字化工具推动人才治理决策科学化和服务智能化。微观人才管理研究和实践表明,数字技术能实现人才分布、人才流动、人才特征需求的全貌描绘,为用人主体提供精准的人才画像,并通过精准的政策评估,促进人才资源供需匹配,赋能人才招引、测评、培养、使用等决策环节。延伸到宏观人才工作层面,建立开放统一的人才工作数字化平台,可以推动政府、市场、人才等主体的多元共治,实现人才数据检索调取、建模配对、监测预警等功能,以数字化评估推动人才规划、政策制定等治理决策科学化。与此同时,在数字化转型时代,"一键办理""一码通享""智能服务""个性定制"等针对人才群体的服务功能将得到深度开发。以数字化人才政策评估优化人才政策制定、执行、评估的全过程,提升人才服务质量,将进一步提高人才的获得感、满意度。

三、政策展望

人才工作数字化转型,不是人才工作的简单信息化,而是数字技术推动下的人才工作职能和方法的转变,其最终目标是实现人才政策的提质增效。总体来看,浙江人才智治改革与数字化评估方式紧密糅合,在不断的评估优化中实现了"提升服务效率""集成服务资源""整合服务事项""实现'码上服务'"四个阶段的跃升。目前,作为人才工作数字化转型的高级阶段,浙江的"数字赋能宏观人才管理决策"仍处在局部探索期。比如,杭州市滨江区积极对接城市大脑应用场景,大力建设滨江数据驾驶舱,并拓展了数据驾驶舱在人才工作领域的多种应用,如通过数据驾驶舱数据比对自动实现政策评估过程,简化人才政策兑现流程;通过人才和企业大数据模型分析,预测区内人才企业人才流失倾向,及时发现人才政策的短板和不足,并上门对接和服务,成功留住企业和人才。总体来说,浙江人才政策评估的数字化方法实践正在推动人才政策整合与人才服务整合的双层嵌套和治理模式创新。

第六章　人才政策评估数字化方法的案例分析

面对全球数字化转型的大潮,政府治理的数字化转型以及公共政策评估的数字化方法成为新的研究焦点。人才政策评估作为政府治理的一个块面,其数字化转型不是我们的备选项,而是必答题。为此,目前各级政府都在积极探索人才政策评估的数字化方法,尝试将其应用到人才政策的全流程。如沿海一些省市正在尝试搭建全球科技人才信息库,以期整合全球科技前沿议题、科技领军人才基本信息、科技人才研究进展、科技人才同行评价等数据,并建立多样化的数据分析模型和展示方法,为当地科技人才政策的制定和执行提供依据。也有不少地方通过大数据拟合指数的形式实时监测人才政策的执行情况,并将此作为政策修订和进一步优化的重要依据。但必须指出的是,当前我国的人才工作数字化转型还处在初步探索阶段,完整且出色的数字治理体系仍然稀缺。

第七章 人才政策评估数字化方法的实践应用

中央人才工作会议提出了加快建设世界重要人才中心和创新高地的战略目标,人才政策评估要充分运用新技术,以评估为抓手推动人才政策提质增效,并在此基础上助力人才战略实现。虽然目前数字化工具在公共政策领域的应用还处在初步探索阶段,但作为一种技术性趋势,政府在开展公共政策评估时,应不断融入数字化的思维和方法,一方面继承以往公共政策研究的理论和方法,尤其是公共政策理念上的有益经验;另一方面也要不断剔除新形势下的不适用成分,基于大数据的强力助推而有所突破和创新。对于人才政策评估而言,就是要充分发挥数字化工具的技术优势,通过政策评估理念转变、机制转变、问题明确、战略锚定,更好地运用新技术推动人才政策发展,为深入实施新时代人才强国战略提供政策支撑。

第一节 人才政策评估数字化方法的理念转变

数字化时代的到来深刻改变了人类社会的经济形态,并将带来政府治理模式和公共政策评估理念的新变革。但是,在学者和实务界热情洋溢地赞赏数字化技术工具的同时,作为人才政策主体的政府部门也需要精准定位数字化工具与公共政策的关系,树立起积极、理性、审慎的数字化理念,既不滞后于数字技术变革的时代节奏,也不违背客观环境的现状制约。

第七章　人才政策评估数字化方法的实践应用

一、树立循证决策理念

数字化转型时代,决策思维变革的关键是树立证数决策理念。循证决策(Evidence-based policy making)是近年来欧美发达国家在政府决策中倡导的一种做法,目标是使政府的政策更具理性,使决策建立在经过严格检验而确立的客观证据之上,进而提高政府的决策质量,确保政策实施产生最佳结果。1999年,英国政府内阁发布的《21世纪的专业政策制定》(Professional Policy Making for the Twenty First Century)报告明确提出了采用循证决策的理念,以提高政策制定水平。该文件指出,政府现代化的一个主要驱动力是公共服务供给和以证据为基础的政策制定,并将"使用证据"看作是提高政府有效性的一个重要途径。[1] 按照该文件主要内容,循证决策意味着"决策是建立在各种来源的最佳可用证据的基础上,而且在政策制定的初始阶段关键利益相关者就能够参与其中。为了确保制定更加扎实,既要提高政府部门利用证据的能力,也要让决策者更易获取证据"[2]。这也意味着人才政策评估的数字化方法新模式建构要依据数据、信息、理论、知识等证据,理性、客观地评估人才政策的环境背景、执行情况和实际绩效,并在此基础上不断优化人才政策的总体成效。具体来说,就是抓住人才群体数据库和人才政策数据库建设这两个关键,为人才政策评估和决策提供科学、准确、及时、全面的数据支撑。

二、注重数据价值挖掘

大数据对循证决策最明显的改变就是数据抑或证据的采集方式。在数字化转型时代,政策决策者要转变对于数据价值的看法,树立数据作为政策证据的意识。在当今数据爆炸式增长的大背景下,科学化的决策不仅仅需要掌握大量的统计数据,也需要更多的非结构化数据、半结构化数据,并将数据有效、及时地通过处理挖掘的方式,判断出数据背后的相关性和潜在价值。[3] 具体而

---

[1] 徐宏宇. 证据在科技决策中的应用研究[J]. 现代情报,2020(9):90-95.
[2] Strategic Policy Marketing Team 1999. Professional policy making for the twenty first century [EB/OL]. http://www.nationalschool.gov.uk/policyhub/docs/profpolicymaking.pdf.
[3] 运用大数据提升公共政策科学化[N]. 社会科学报,2019-06-6(3).

言,基于循证决策的政策模式可以通过对海量数据的挖掘从而发现小数据时代难以发现的相关性关系,并在此基础上找出解决社会问题的新思路。大数据通过各种方式,在不同地点不间断地被采集,不仅包含历史数据、即时数据,还可能包含未来的某种需求信息。而对这些数据的综合分析、交互分析可以为公共政策的制定和评估带来新的工具红利。这也意味着,人才政策的决策部门要充分考虑到人才工作部门中存储的大量数据是可以被用来进行数据挖掘的,决策者不但要扮演数据的收集者,还要担当数据的分析者,既有的、使用过的数据中也依然蕴含着取之不尽又意想不到的价值,通过人才数据分析判断人才政策的得失优劣,以此推动决策真正从"经验决策"向"数据决策"转变。

三、关注评估技术瓶颈

数字化转型给人才政策评估带来了新机遇,但这并不意味着数字化工具的应用就是一帆风顺的。事实上,正确认识大数据的内涵、特征、属性以及规律,准确判断人才政策所处的客观情景,精准确定技术与场景的匹配程度才能更好地将数字化工具应用到人才政策评估之中。从大数据的实际应用来看,大数据重视相关关系、预测的片面性、主体的分散性、低密度价值和高分析成本等自身特征都给政策过程重构带来了制约。系统异构、数据异构,并由此导致的政府在数据治理过程中面临着数据割据也给数字工具赋能人才政策评估带来了难题。与此同时,大数据的价值密度低、数据结构复杂也要求人才政策评估的数字化方法需要配置更高的硬件设备进行存储、处理和分析数据。因此,人才政策评估的数字化方法模式构建要正确认识到技术挑战,加大对计算机基础设施建设的投入力度,有计划、有统筹地推动云服务、数字驾驶舱等硬件平台建设和应用场景开发,并在此过程中平衡财政投入与政策产出之间的关系,实现"治理—数据—技术"的深度融合。

四、明确质量增长逻辑

在数字化转型时代,技术的快速变化和预测难题给以效率为导向的创新思路带来了现实挑战,跨界创新、原创式创新往往已经突破了已有的绩效逻辑。例如,方便面生产企业的绩效考核中就很难预料到"饿了么"和"美团外卖"等技术创新对于其销量带来的巨大影响,传统燃油车生产企业也不会想到储电技术的发展会让电动车抢占了其不小的市场份额。因此,数字化时代的政策体系应该树立起质量增长而非效率优先的逻辑,也即是说在稳住传统核心业务的同时,鼓励创新并开拓新领域,并通过打造创新型生态来实现创新和人才引领的新发展格局。对于人才政策评估而言,评估体系的设计应该更多基于质量增长的逻辑,在人才政策评估的全流程推行更加包容审慎的评估体系,在关注人才需求、优化人才工作和生活环境、提升人才获得感的过程中,鼓励人才创新,形成人才创新的热带雨林,落实人才引领发展战略,以此加快建设世界重要人才中心和创新高地战略。

第二节 人才政策评估数字化方法的机制转变

数字化时代的加速到来深刻改变了政府治理各主体的行动逻辑,也给公共政策的评估机制带来新机遇。尤其是新冠肺炎疫情的全球蔓延更是加速了数字化技术向经济和社会各个领域的渗透。通过数字化工具对治理运行机制、演化规律和发展轨迹进行精准逼真的模拟和预测,催生了智慧治理新模式的出现,治理的数字化正以方兴未艾之势迅速发展。在推进人才政策评估的数字化方法的建构过程中,拥有海量数据,通过数据重构数字驱动的决策机制成为新的价值取向和工作任务。

一、明确数据采集汇聚机制

数据分散、数据割裂,难以形成大数据的优势是治理数字化转型面临的首要挑战。因此,治理的数字化转型首先要求在各级政府部门探索建立政策评估大数据采集责任制度,明确业务部门和支撑机构信息采集责任,依法及时、准确、规范、完整记录和采集各级各类机构履职过程信息。在重要政务信息系统开发设计和建设过程中注重数据沉淀,坚持从业务应用需求出发,基于大数据技术体系,整合汇聚各类数据资源。同时,注重发挥传统观察法、调查法、个案法等样本数据搜集方法优势,采用大数据信息收集和传统样本数据收集相结合的方法,借助大数据趋势化和样本数据精确化的优点,恰当运用传统统计

人才政策评估的数字化方法

分析等政策评估逻辑分析方法上的成果,对比统计分析和逻辑分析结论,做到数据的交叉印证。[①] 这也意味着,人才政策评估的数字化方法要在人才政策数据的采集和汇聚机制上进行创新,一方面是借助于各地的大数据中心技术平台,开发专门的人才政策大数据云,以共享为常态、不共享为例外为准则,推动人才政策数据汇聚;另一方面是注重各类调查研究等"小数据"的归集和整理,以及各类工作过程数据的整合,不断提升数据的精细颗粒度,并通过大小数据的交汇融合,做到政策对象的轮廓清晰、细节明了,既见森林,又见树木。

二、优化政策收益反馈机制

政府治理数字化转型的核心要义是通过数字渠道与外部行为者彼此联系,在各种数字平台上建立起存储和运作机制,跨组织边界开展协作,以此推动内部流程的优化和整体业绩的改进。在这一过程中,数字渠道意味着公共政策参与机制的创新,流程优化和整体业绩改进意味着政策流程完善、政策效能提升。换言之,政策评估的数字化方法从本质上是通过数字技术实现对政策目标群体需求数据的汇总、分析和回应,并通过对政策执行过程和结果的评估和分析,将政策利益相关者的感知再反馈到新的政策循环中去,以此形成公共政策的收益反馈闭环。对于人才政策而言,人才政策评估的数字化方法收益反馈机制优化具有两个方面的意涵。一方面,人才政策评估的数字化转型过程需要通过对各个政策利益相关者的数据归纳和分析,以此明确公众需求,并在此基础之上建立起政策主体与政策利益相关者的协同互动关系;另一方面,在人才政策评估过程中,人才政策利益相关者通过对场景应用的使用,在满足需求中积累数据,在业务办理中反馈感知,这种在参与中的互动与反馈,有助于形成一种新型的调试性治理模式。

三、探索多元指标整合机制

政府治理的数字化转型是整体性的、全局性的,因此对于其评价也应结合

[①] 魏航,王建冬,童楠楠.基于大数据的公共政策评估研究:回顾与建议[J].电子政务,2016(1):11-17.

第七章 人才政策评估数字化方法的实践应用

全流程和多来源,进行数据整合,以此建立起科学有效的人才政策评价指标体系,并重新设定人才政策评估价值维度指标。在实践过程中,相较于传统政策评价,基于大数据的政策评估客体将会更进一步细化,政策制定和执行过程所针对的公共问题也将全面暴露,单目标的政策问题很可能由于大数据的关联特征最终演变为多目标的社会问题。正因为此,在构建基于大数据的公共政策评估指标体系之时,应注重广泛参考专业人士的意见,并重新设定针对不同领域和不同主体的政策评估价值维度指标。此外,由于各个行业差别跨度较大,政策内容和政策评估过程也迥异,政策利益相关者不再简单地归为若干类,通过大数据观测政策利益相关者的多样化需求,并结合经济、技术和财政可行性,判断政治和社会的可接受性,将大数据应用于政策评估的"多元理性"价值判断中就显得异常关键。在人才政策评估的数字化方法中,多元指标的整合机制要重新确定人才政策评估的价值取向,突破已有人才政策评估关注经济价值而忽略社会价值的短板,更多地纳入经济社会进步的总体性指标和普惠性指标,以此更加科学、更加全面地反馈人才政策的全貌。

四、健全数据评级保护机制

数字技术的特征决定了其在通过数据收集和分析为个体提供精准服务的同时,也面临着泄露个人因素的风险。尤其是近年来隐私数据泄露事件频发和应用程序对于个人隐私的非法窥探,已让公众感觉到个人信息有被记录甚至被不正当使用的担忧,而这种担忧一旦转化成为抵触,则会直接阻碍数字化进程的推进。更为重要的是,治理的数字化转型同样意味着政府的公共设施运作甚至是公共权力行使在一定程度上都同数字化技术融合在了一起,而当数据的安全问题得不到保障时,就有可能造成公共安全甚至是国家安全问题。因此,虽然大数据时代的组织决策可以根据的数据范围在不断扩大,但数据也并不是越多越好,更不是所有的数据都会与政策评估需求相关,盲目地扩大数据应用的范围,可能会带来更多数据管理问题,这也意味着在成本可控的情况下,有效地管理并使用大数据在这一过程中就变得异常重要。对于人才政策评估的数字化方法而言,由于人才数据相对于其他个人数据更加敏感、更加被关注,这也要求在人才数据的汇集和使用上,要格外注意数据安全工作。一方面是要完善评级制度,确定数据开放的范围和程度,以供研究和企业使用;另一方面要做好数据的脱敏处理,并通过应用场景的开发,更多地展示人才的群体画像而非个人画像,以此降低数据被滥用的风险。

第三节 人才政策评估数字化方法的关键问题

人才政策评估的数字化方法要着力解决公共政策大数据评估应用的核心技术限制和短板。目前,数字技术虽然已经发展多年,且在许多领域取得了进展,其分析与预测技术的准确性也在不断提高,更加确切地说,甚至已经有人在以"工笔画"的形式清晰地描画、勾勒数据治理模式的未来图景。但我们也应清醒地认识到,虽然我们现在对数字化转型的未来充满了憧憬和联想,但受到一系列制度和技术的制约,当下的大数据积累仍然无法满足复杂的公共政策研究和实践需要,数字赋能人才政策评估从理论和实践层面仍有不少问题亟待解决。

一、强化人才信息安全与保护

国与国之间的竞争,归根到底是人才的竞争。大数据时代的开放共享需要同人才个人隐私以及人才安全保护之间,是一对天然的矛盾体。人才,尤其是高层次人才因其巨大的价值,更是被国内外各大科研机构甚至是间谍结构所觊觎。从某种程度上讲,人才信息作为一种国家战略资源,保护人才信息库就是如同保护国家的核武器库。也正因为此,多年来,我国的人才工作数字化程度一直较低,这虽然在一定程度上保障了人才信息的安全,但在另一个层面上也不利于我们提升人才工作效能。人才政策评估的数字化方法对于人才信息的收集、汇总、分析,一方面可以通过实时化、精准化、全面化的分析,持续提升人才政策的总体效能;但另一方面,网络的开放性,数字技术的后台漏洞或"暗门"等都有可能造成人才信息的泄露,并有可能造成难以挽回的损失。因此,人才政策评估的数字化方法系统建构中要把人才信息安全放在首位。一是要建立起信息的安全保障机制,通过制定相应的法律法规,让各类人才数据都能得到法律的保护,并在这一过程中完善人才数据使用的权利和责任机制,通过多方合作的方式提升人才数据的安全保障能力。二是要建立起人才数据的管理体系,通过建立专门机构、配置专业人员、给予足够的物力支持,以此来强化人才大数据的收集、运用、分析以及共享管理,确保数据更新及时,数据维护到位。三是要强化技术迭代,加强信息安全技术开发力度,建立简单实用的人才信息采集、统计、分析应用场景,在方便使用的同时,杜绝多方"留痕"。

二、关注数据质量与算法优化

数字化技术的核心是预测,运用大数据技术建立起来的仿真模型系统,可以像剧场彩排一样预演政策,从而减少政策未来执行中的"不可预知性",提高公共政策的前瞻性。大数据通过把数学算法运用到海量的数据分析中,并使其与不同历史时期的数据进行叠加与对比,以此探寻问题和事物发展变化的规律,进而预测或推断其未来走向,从而为政府创造性地预测问题和解决问题。这也意味着,人才政策评估的数字化方法需要关注数据和算法两个核心要素。一方面,要关注大数据的信息失真问题,大数据的核心特征既包含了"大",又包含了"价值密度低"的问题,这也意味着我们通过新闻媒体、搜索引擎、论坛、博客、微博、微信等各类互联网信息来分析人才政策的效果,很可能面临着由于政策客体圈定错位而导致的信息失真问题。因此,将网上大数据与政府内部小数据相结合进行分析,开发有效的应用场景和程序至关重要。另一方面,要关注大数据的分析识别技术开发,如围绕人才政策的网民态度分析,需要开发文本清洗、情感信息分类、情感信息抽取、舆情态度分析等技术;围绕人才政策诉求的自动识别,需要开发话题检测与跟踪、话题自动分类、命名主体识别等技术。

三、完善政策评估法律和制度

人才政策评估的数字化方法要依据法治化的基本原则,关注评估的法律制度建设。大数据在人才政策评估领域的应用是一个综合性的大型工程,往往涉及多个政府部门的联动,因此,不仅需要政府管理部门在资金、立法、研发等领域的支持,还需要政府部门整合自身的内部资源,甚至在一定程度上调整政府管理机构架构。而这些支出和调整在实践中往往会遇到来自内部和外部

人才政策评估的数字化方法

的巨大阻力,这也意味着要想真正实现人才政策评估的数字化方法创新,就需要以立法的形式完善相应的权责分配,做到数字赋能有法可依。① 一方面,要按照治理体系和治理能力现代化的要求,加快我国人才政策评估的立法步伐,建立评估的基本法律框架,以法律条文的形式对评估主体、方法、问责和评估经费等进行明确规范,尽可能规避领导主观意志左右政策评估的风险。另一方面,依据相关法律法规,制定人才政策评估的配套制度文件,对于人才政策评估中的数据的权利属性以及可能带来的法律风险、道德风险等予以明确,在规范流程运作的过程中避免侵犯公民隐私、数据滥用的情形发生。

四、培育专业化政策评估人才

人才政策评估的数字化方法同样需要评估专业人才的培育。一方面,政府需要大力培育先进的专业性评估人才,为其提供成长实践所需的相应优质条件,同时鼓励政策评估人才到专业的公共政策评估机构去工作,去发挥自己的才能;另一方面,要特别强化复合型政策评估人才的培养,加强学术机构、政府和企业三者间的通力合作与支持,培育更多政策评估的实用型人才。人才政策评估的数字化方法专业人才培养包含三个方面:一是政府内部大数据人才的培养,要鼓励大数据领域的技术人才关注社会科学领域的应用研究,培养具备多元统计分析、数据挖掘、预测建模、自然语言处理、内容分析、文本分析及社交领域分析等领域技术背景,并能基于政府人才政策决策的客观背景做出大数据分析和判断的高级分析人才②;二是在政府外围培育一批人才政策大数据评估专业组织,通过委托第三方评估的方式,充分发挥政府外机构的体制机制灵活性和人才激励灵活性优势,以此补充政府内部专业人才技术力量的不足;三是探索人才政策评估的专家咨询机制,通过建立人才政策评估的数字化方法专家数据库,最大限度地将专业研究力量和最新理论成果应用到人才政策评估中,不断完善人才政策评估的科学性和规范性。

---

① 运用大数据提升公共政策科学化[N].社会科学报,2019-06-06(3).
② 运用大数据提升公共政策科学化[N].社会科学报,2019-06-06(3).

第四节　人才政策评估数字化方法的未来战略

深入实施新时代人才强国战略,为2035年基本实现社会主义现代化提供人才支撑,为2050年全面建成社会主义现代化强国打好人才基础,是新时代我国人才工作的初心和使命。从历史发展进程来看,人才政策评估的数字化方法作为技术工具创新,是解决我国发展中阶段性问题的有益探索,也为我国实现新百年的新奋斗目标提出了新命题。

一、强化人才战略实现的新型举国优势

中央人才工作会议为新时代的人才工作确立了新的战略目标。进入新时代以来,虽然我国的经济社会发展和社会主要矛盾已经发生了根本转变,人才工作已经站在了一个新的历史起点上,但经济社会发展的中外差距、区域差距、城乡差距依然存在,我国仍然处于经济社会发展的赶超期。坚持党对人才工作的全面领导,发挥新型举国体制的制度优势,是深入实施新时代人才强国战略的工作保障。具体而言,在人才强国战略实施中,政府与市场作为最重要的两个主体,其在人才政策和人才战略实施中有着不可替代的作用,但与此同时也应该充分认识到其辩证关系。一方面,对于东部经济发达地区而言,人才战略的实施和人才政策的执行可以更多地发挥市场的作用,政府要尽可能地减少对人才政策的微观干预,让人才在市场的"大浪淘沙"中得到洗礼,让人才能够在合适的岗位上发挥关键作用。另一方面,对于西部经济欠发达地区和重大国家战略而言,人才战略和人才政策的实施就要更多地依靠政府作用发挥,通过给予政策支持、政策优惠、强化政策引导、政策投入等,着力集聚资源和人才,以实现人才引领发展的均衡实现,确保国家重大战略顺利落地。在这一过程中,人才政策评估的数字化方法就是通过为政策执行提供更详细、更实时、更可靠的数据支持,从而更好地发挥我国的制度优势,做到政府与市场手段的动态调整与均衡。

二、实施更加精准有效的人才政策体系

中央人才工作会议做出了加快建设世界重要人才中心和创新高地的战略部署。同时提出,坚持全方位培养用好人才、深化人才发展体制机制改革、聚天下英才而用之、营造识才爱才敬才用才的环境;以及要立足实际、突出重点,解决人才反映强烈的实际问题的目标。这也意味着,新时代我国的人才政策重点在人,落脚点在人才引进与培养,抓手在于精准化。具体而言,更加精准的人才政策要坚持精准施策,加速引进人才,要考虑人才在事业实现和生活需求上的多样化特征,针对问题出政策,将人才政策落在影响人才生活和发展的问题痛点、关注热点、需求焦点上,以此收到事半功倍的效果;同时还要关注制定契合当地发展需要的人才政策,让人才能够在当地的发展中发挥作用,实现个人价值,推动人才引领发展。在这一过程中,人才政策评估的数字化方法就是在构建人才治理新体系中,坚持主动靠前,做优人才服务,提升人才政策精准性。具体而言,就是充分运用数字化技术,打破信息不对称,通过"线上+线下"协同发力,借力数字系统精准分析和智能推送,主动上门提供人才服务,充分释放人才政策红利;与此同时,借力数字化工具,建立人才工作部门同人才的对接机制,变"被动找"为"主动送",以此让人才政策能够发挥更大作用。

三、打造有效的人才战略实施监测系统

中央人才工作会议提出了加快建设世界重要人才中心和创新高地的战略目标,并提出了各部门要"共同抓好人才工作各项任务落实"的要求。这也意味着,深入实施新时代人才强国战略,需要建立起战略实施监测体系。借鉴吴江研究员提出的"人才强国战略监测评估体系"[1],人才政策评估的数字化方法可以基于数字赋能的总体思路,建立起常态化的新时代人才强国战略监测体系。一是构建多元主体、多方参与的规划评估机制。由人才工作部门以招标或授权方式,委托权威、稳定的第三方专业机构开展长期追踪评估工作,第三方评估机构可运用政府内部的人才数据授权通道,建立相关的人才政策评估

---

[1] 吴江.人才优先发展战略[M].北京:党建读物出版社,2015.

监测应用场景,为人才政策和战略的实施、监测提供实时数据支撑。二是加强对重大人才工程和人才改革专项的监测。借助于数字化系统,开发专门应用场景,通过定期的成效评估和政策执行反馈数据(如人才政策对象满意度、投诉等)分析,及时掌握新时代人才强国战略实施效果,完善全面绩效管理。三是建立分布式的人才政策评估监测网络。依据数字治理的特征,以省级行政单位为基本单元,构建人才政策评估的数据底座,省级以下行政单位可以在此基础上建立特色数据库,同时各级政府要向全国人才工作部门开放数据调取权限;鼓励各级政府根据需要开发特色应用场景,形成分布式的监测体系,确保新时代人才强国战略的全面推进。

四、推动政策评估制度与技术工具融合

体制机制创新同应用技术创新的有机融合是人才政策评估数字化方法创新的关键。在已有实践中,治理的数字化转型容易陷入三个误区。一是投入导向误区,认为治理的数字化转型就是建立数字云平台,安装数据展示大屏,建设领导数字驾驶舱。但事实上,治理的数字化转型中这些反而是最不重要的,人才工作的数字化转型要首先想到的是,人才强国战略实施中我们要解决什么问题,需求导向是人才工作数字化转型的关键。二是技术导向误区,认为技术的进步可以解决一切问题,但事实情况却是,如果没有流程和机制上的创新,单纯的技术投入非但不能解决问题,还可能带来新的问题。如当数字化技术被应用到人才政策评估之后,更加定向精准的人才激励政策可能会导致新的社会不公问题出现,因此,建立人才发展的利益共享机制就变得异常重要。三是跟风追潮误区。数字化转型赋能人才工作创新给不少地方带来了"示范压力",也容易助长个别地方"有条件要上,没有条件创造条件也要上"的跟风心态,却忽视了通过工作机制和方式方法创新,构建简约高效的人才治理体系,实现"小切口、大成效"的重要性。未来,以问题为中心开发应用场景,以体制机制创新推动问题解决和流程重构应当得到充分重视。

五、研发具有中国特色的人才评价标准

人才学作为源于中国、兴于中国的实践科学,目前已经得到了全球主要国

家的关注,相关国家和机构也基于西方话语体系构建了相应的人才评价体系。如世界经济论坛提出的全球人力资本指数,英国经济学人情报部与海德思哲提出的全球人才指数,欧洲工商管理学院、新加坡人力资本领导能力研究院和人力资源公司德科集团提出的全球人才竞争力指数,国际货币基金组织世界人才排名因素等。这些指数和评价体系一方面反映了西方国家对于人才需求的思考,另一方面也对我国的人才理论研究和人才工作实践话语权提出了挑战。因此,立足于加快建设世界重要人才中心和创新高地这一战略,我们应该抓住数字化转型的机遇,以评估为抓手,由我国人才研究的领军智库与相关的国际机构合作,以更加开放、更加积极、更加有效为导向,研发具有中国特色的人才评价指数体系,一方面实时反馈我国新时代人才强国战略的实施进度,另一方面也不断提升我国人才工作的国际话语权。

第八章 结　　语

一、研究的不足与可能的贡献

本研究基于当前数字化转型的总体趋势,通过对我国当下人才政策评估短板的分析,提出了人才政策评估的数字化新方法。理论创新和存在的不足如下。

作为对人才政策评估创新思路的探讨,本研究的理论创新主要包括三点。第一,从研究的问题意识来看,本研究结合治理的数字化转型方向,并结合当下我国人才政策评估面临的短板和制约,提出了人才政策评估的数字化转型问题,初步探讨了其可能包含的主要内容。第二,本研究在深入分析数字时代的治理体系特征之后发现,与传统的公共政策过程评估位于政策周期的末端,阶段性和滞后性是其效能大打折扣的原因不同,基于数字技术建立起来的全样本、实时性、交互性的平台型治理结构体系,使得政府政策的制定、执行、评估和修改开始高度融合在一起。进入数字时代的人才政策评估,其不再是一个单独的政策环节,而是成为人才治理体系乃至城市治理体系中的一部分,这是数字时代政策评估的重大变化。第三,本研究在人才政策评估数字化方法"目标、思路、方法"分析的基础之上,基于精准化、协同化、实时性、全面性的分析,以及数据与技术融合、技术与治理融合、部门与政策融合、场景与需求融合的思路,初步构建了人才政策评估数字化方法创新的"双层嵌套场景治理新模式"。

作为一项人才政策评估的探索性研究,本研究主要还存在两个方面的不足。一方面,受制于研究者自身的专业背景限制,作为一名非计算机领域的研究者,在数据分析和软件设计方面的短板使得该报告无法构思更为精细、更为完整的人才政策评估数字化方法新模式,已有的"双层嵌套场景治理新模式"

人才政策评估的数字化方法

只能算是一种思路,总体来看还比较粗浅,距离真正落地还有一段距离。另一方面,人才治理的数字化转型作为一种新的治理趋势和方向,现有实践才刚刚开始,与此相对应的人才政策评估数字化方法还缺少具体的实践应用,这也使得作者一时难以找到合适的实证案例,所构建的理论也没有经过实证的检验,这是本研究的另一个短板。

二、对研究的未来展望

随着全球数字化进程的不断加速,政府治理的数字化转型和公共政策评估的数字化方法成为新的研究焦点。但新变革和新技术并不会自然而然地主动被学界和实践者所接受,面对新形势,学界对此也逐渐形成了乐观派和风险派两种截然相反的看法。乐观派认为,公共政策评估的数字化方法有利于提升公共政策的效果,未来将渗透到公共事务的各个细分领域。[1] 提升公共部门的决策效率和行政效率[2],有效地减小决策成本[3],显著强化公共决策的有效性[4],这些成为乐观派学者经常津津乐道的优势。然而,风险派则指出,大数据驱动的公共决策不一定产生正面的效益,因为大数据分析及其应用技术本身仍有待进一步发展。[5] 现有算法仍然很难帮助数据分析师在保证数据多样性的同时缩短处理时间[6];垂直细分的大数据平台和分析工具仍显不足,单个组织投入大数据平台搭建的成本较高[7];数据爬虫所衍生的伦理问题、隐私保护

---

[1] 窦悦,童楠楠,易成岐,等.大数据视角下我国社会政策评估体系架构与创新路径研究[J].情报理论与实践,2021(7):50-57.

[2] Kshetri N. Big data's impact on privacy, security and consumer welfare [J]. Telecommunications Policy, 2014, 38(11): 1134-1145.

[3] Kennedy H, Moss G, Birchall C, et al. Balancing the potential and problems of digital methods through action research: Methodological reflections [J]. Information, Communication & Society, 2015, 18(2): 172-186.

[4] Thomas D C. "Big data" in research on social policy [J]. Journal of Policy Analysis and Management, 2014, 33(2): 544-547.

[5] Tian Xuemei. Big data and knowledge management: A case of déjà vu or back to the future? [J]. Journal of Knowledge Management, 2017, 21(1): 113-131.

[6] Kernaghan K. Digital dilemmas: Values, ethics and information technology [J]. Canadian Public Administration, 2014, 57(2): 295-317.

[7] Bi Z, Cochran D. Big data analytics with applications [J]. Journal of Management Analytics, 2014, 1(4): 249-265.

问题和数据安全问题仍亟待解决[①]等,这些则是风险派时常惦记的隐忧。

但正如牛津大学教授维克托·迈尔·舍恩伯格在其著作《大数据时代:生活、工作与思维的大变革》中所说:"当世界开始迈向大数据时代时,社会也将经历类似的地壳运动。"[②]伴随社会生活和政治经济数字化、智能化、虚拟化过程的加速,如何更好地发挥大数据的价值,推进公共决策的科学化,这是摆在我们面前不可忽视的问题。尤其随着数字化转型被确定为国家战略,并在经济社会发展中得到越来越多的应用。人才政策评估作为政府治理的一个块面,其数字化转型不是我们的备选项,而是必答题。为此,各级政府目前都在积极探索人才政策评估的数字化方法,并尝试将其应用到人才政策的全流程。例如,上海目前就在搭建全球科技人才信息库,以期通过全球科技前沿议题、科技领军人才基本信息、科技人才研究进展、科技人才同行评价等数据的整合,建立多样化的数据分析模型和展示方法,为上海科技人才政策的制定和执行提供依据。也有不少地方通过大数据拟合指数的形式实时监测人才政策的执行情况,并将此作为政策修订和进一步优化的重要依据。

展望未来,人才政策评估的数字化方法能够通过全样本数据整合、模型化数据分析、实时化评估反馈、全过程数据支撑等方式,推进人才政策过程中议程设置信息化、备选方案讨论开放化、决策执行自动化、决策评估实时化及全过程跨学科综合集成化等目标,着力破解当前人才政策评估的"主体短板、过程短板、方法短板",助力新时代"加快建设世界重要人才中心和创新高地"战略目标的实现。但立足当下,面对公共事务的高度复杂性,人才政策评估的数字化方法其效果究竟如何、模式设计何为最优、风险挑战还有哪些,处于探索初期的我们还尚无定论。而解答以上问题则需要我们进一步洞察国内外研究和实践的前沿,直面不断"数据化""网络化""集成化"的现实政策环境,建立起持续迭代优化的韧性政策模式以应对挑战。

---

① McAfee A, Brynjolfsson E. Big data: The management revolution[J]. Harvard Business Review, 2012, 90(10): 60-68.
② 舍恩伯格,库克耶. 大数据时代[M]. 盛杨燕,周涛,译. 杭州:浙江人民出版社,2013:219.

参 考 文 献

[1] 蔡秀萍.数字化转型:人才发展治理现代化的新方向[J].中国人才,2021(6):48-50.

[2] 陈家刚.大数据时代的公共政策评估研究:挑战、反思与应对策略[J].河南社会科学,2019(8):46-51.

[3] 陈丽君,朱蕾蕊.数字化时代人才工作整体智治展望——以浙江省人才工作数字化转型实践为例[J].中国科技人才,2021(4):6-12.

[4] 陈莎利,李铭禄.人才政策区域比较与政策结构偏好研究[J].中国科技论坛,2009(9):107-111.

[5] 陈锡安.构建国家人才政策体系的思考[J].中国人才,2004(4):59-62.

[6] 陈新明,萧鸣政,张睿超.城市"抢人大战"的政策特征、效力测度及优化建议[J].中国人力资源开发,2020(5):59-69.

[7] 陈一帆,胡象明.大数据驱动型的公共决策过程创新及效果评估——基于SSCI和SCI的文献研究[J].电子政务,2019(8):14-27.

[8] 陈振明.公共管理学——一种不同于传统行政学的研究途径(第二版)[M].北京:中国人民大学出版社,2003.

[9] 陈振明.公共政策分析[M].北京:中国人民大学出版社,2003.

[10] 崔宏轶,潘梦启,张超.基于主成分分析法的深圳科技创新人才发展环境评析[J].科技进步与对策,2020(7):35-42.

[11] 崔清新,崔静,胡浩.百川奔流终归海 同心筑梦正当时——党的十八大

以来我国形成最大规模留学人才"归国潮"[N].人民日报,2017-02-23(4).

[12] 戴伊.自上而下的政策制定[M].鞠方安,吴忧,译.北京:中国人民大学出版社,2002.

[13] 邓恩.公共政策分析导论(第2版)[M].谢明,等译.北京:中国人民大学出版社,2010.

[14] 邓剑伟,樊晓娇.国外政策评估研究的发展历程和新进展:理论与实践[J].云南行政学院学报,2013(2):34-39.

[15] 董青岭.反思国际关系研究中的大数据应用[J].探索与争鸣,2016(7):93-94.

[16] 窦悦,童楠楠,易成岐,等.大数据视角下我国社会政策评估体系架构与创新路径研究[J].情报理论与实践,2021(7):50-57.

[17] 多伊奇.国际关系分析[M].周启朋,郑启荣,李坚强,等译.北京:世界知识出版社,1992.

[18] 费希尔.公共政策评估[M].吴爱民,等译北京:中国人民大学出版社,2003.

[19] 格莱泽.城市的胜利[M].刘润泉,译.上海:上海社会科学院出版社,2012.

[20] 顾然,商华.基于生态系统理论的人才生态环境评价指标体系构建[J].中国人口·资源与环境,2017(S1):289-294.

[21] 桂昭明.人才国际竞争力评价指标体系[J].中国人才,2002(10):4-12.

[22] 胡跃福,马贵舫.西部人才政策:何去何从?[J].开发研究,2008(3):141-143.

[23] 黄璜,黄竹修.大数据与公共政策研究:概念、关系与视角[J].中国行政管理,2015(10):25-30.

[24] 经济日报评论员.大力培养使用战略科学家[N].经济日报,2021-10-04(1).

[25] 聚天下英才而用之——党的十八大以来我国人才事业创新发展综述

[N].人民日报,2021-09-28(1).
[26] 李凤英,毕军,曲常胜,等.环境风险全过程评估与管理模式研究及应用[J].中国环境科学,2010(6):858-864.
[27] 李朋林,唐珺.基于投影寻踪的"新一线"城市人才环境评价研究[J].科技管理研究,2019(9):69-75.
[28] 李维平.人才强国战略实施评价实证研究[J].第一资源,2010(3):25-59.
[29] 李锡元,查盈盈.人才生态环境评价体系及其优化[J].科技进步与对策,2006(3):37-39.
[30] 李锡元,陈俊伟.国家级高新区人才政策效能评估——以武汉光谷、北京中关村、苏州工业园为例[J].科技和产业,2014(7):114-120+156.
[31] 李燕萍,郑安琪,沈晨,等.国家自主创新示范区人才政策评价——以中关村与东湖高新区为例(2009—2013)[J].武汉大学学报(哲学社会科学版),2016(2):85-89.
[32] 梁清云.浅谈人才政策同质化的问题、成因及建议——以购房优惠政策为例[J].人才资源开发,2019(20):12-14.
[33] 刘瑞波,边志强.科技人才社会生态环境评价体系研究[J].中国人口·资源与环境,2014(7):133-139.
[34] 刘润秋,黄志兵.基于S-CAD方法的宅基地退出试点政策评估——以成都市为例[J].四川大学学报(哲学社会科学版),2021(5):138-147.
[35] 刘亚娜,董琦圆,谭晓婷.京津冀协同发展背景下人才政策评估与反思——基于2013—2018年政策文本分析[J].天津行政学院学报,2019(5):47-58.
[36] 刘追.区域人才规划评估的现状、问题及对策[J].当代经济管理,2010(6):65-67.
[37] 马海群,冯畅.基于S-CAD方法的国家信息政策评估研究[J].情报学报,2018(10):1060-1076.
[38] 内格尔.政策研究:整合与评估[M].刘守恒,等译.长春:吉林人民出版社,1994.

[39] 邱文君."放管服"背景下科技人才政策研究——以天津为例[J].科技与创新,2018(20):6-8.

[40] 秦浩.大数据驱动的公共政策转型[J].中国党政干部论坛,2020(2):62-65.

[41] 丘昌泰.公共政策[M].台湾:巨流图书公司,1999.

[42] 邱安昌,王素洁.东北人才生态环境及评估研究[J].东疆学刊,2008(3):84-89.

[43] 邱红艳.粤港澳大湾区建设人才高地的形势和对策[J].人才资源开发,2021(20):6-7.

[44] 萨巴蒂尔.政策过程理论[M].彭宗超,等译.北京:生活·读书·新知三联书店,2004.

[45] 商勇,丁新兴.基于DEA-Malmquist模型的科技创新人才政策实施效果评估[J].统计理论与实践,2021(10):37-42.

[46] 舍恩伯格,库克耶.大数据时代[M].盛杨燕,周涛,译.杭州:浙江人民出版社,2013.

[47] 深入实施新时代人才强国战略 加快建设世界重要人才中心和创新高地[N].人民日报,2021-09-29.

[48] 沈荣华.解读中国人才战略[J].第一资源,2007(1):10-21.

[49] 沈素华.人才政策资金绩效评估分析与研究——以芜湖市"5111"产业创新团队人才项目为例[J].时代金融,2018(15):212-213.

[50] 史梦昱,沈坤荣.人才引进政策的经济增长及空间外溢效应——基于长三角城市群的研究[J].经济问题探索,2022(1):32-49.

[51] 苏立宁,廖求宁."长三角"经济区地方政府人才政策:差异与共性——基于2006—2017年的政策文本[J].华东经济管理,2019(7):27-33.

[52] 孙锐.国家人才战略规划绩效评估相关问题研究[J].中国科技论坛,2013(12):92-96.

[53] 孙锐.中国人才战略规划区域实施效果评估测度研究[J].科学学研究,2014(9):1329-1338.

[54] 孙锐,王通讯,任文硕.我国区域人才强国战略实施评价实证研究[J].

科研管理,2011(4):113-118.

[55] 孙锐,吴江.创新驱动背景下新时代人才发展治理体系构建问题研究[J].中国行政管理,2020(7):35-40.

[56] 孙锐,吴江,蔡学军.我国人才战略规划评估现状、问题及机制构建研究[J].科学学与科学技术管理,2015(2):10-17.

[57] 孙永哲.五位一体视角下的郑州市人才环境评估分析[J].人才资源开发,2018(24):6-8.

[58] 谭志远,宫云平.数据质量评估模型探讨[J].广东通信技术,2021(8):7-12.

[59] 涂子沛.大数据:正在到来的数据革命,以及它如何改变政府、商业与我们的生活[M].桂林:广西师范大学出版社,2012.

[60] 王春城.政策精准性与精准性政策——"精准时代"的一个重要公共政策走向[J].中国行政管理,2018(1):51-57.

[61] 王济干.2019年中国水利人才发展研究报告[M].南京:河海大学出版社,2020.

[62] 王建冬,童楠楠,易成岐.大数据时代公共政策评估的变革:理论、方法与实践[M].北京:社会科学文献出版社,2019.

[63] 王建容.我国公共政策评估存在的问题及其改进[J].行政论坛,2006(2):40-43.

[64] 王军.乘势前进 奋发作为 大力推动"十二五"时期会计人才建设再上新台阶[J].会计研究,2011(10):3-8.

[65] 王宁,徐友真,杨文才.基于因子分析和DEA模型的河南省科技人才政策实施成效评估[J].科学管理研究,2018(4):69-72.

[66] 王瑞祥.政策评估的理论、模型与方法[J].预测,2003(3):6-11.

[67] 王顺.我国城市人才环境综合评价指标体系研究[J].中国软科学,2004(3):148-151.

[68] 王通讯.人才成长的八大规律[J].社会观察,2006(3):15-16.

[69] 王通讯.人才战略规划的制定与实施[M].北京:党建读物出版社,2008.

[70] 王通讯.全面解读《国家中长期人才发展规划纲要(2010～2020)》[J].中国电力教育,2010(20):6-11.

[71] 王通讯.大数据与人才管理升级[J].中国人才,2013(17):32-33.

[72] 王通讯.加快建设世界重要人才中心[N].中国组织人事报,2021-10-14.

[73] 王通讯,孙锐,任文硕.实施人才强国战略省级区域评价实证研究[J].第一资源,2009(1):84-98.

[74] 王晓丽.政策评估的标准、方法、主体[J].福建论坛(人文社会科学版),2008(9):137-140.

[75] 王艳,樊立宏.多头并举 培养造就创新型科技人才——《国家中长期人才发展规划纲要(2010—2020年)》解读[J].中国科学院院刊,2010(6):573-578.

[76] 魏航,王建冬,童楠楠.基于大数据的公共政策评估研究:回顾与建议[J].电子政务,2016(1):11-17.

[77] 吴江.尽快形成我国创新型科技人才优先发展的战略布局[J].中国行政管理,2011(3):11-16.

[78] 吴江.区域经济发展中的人才评价[M].北京:中国人事出版社,2013.

[79] 吴江.人才优先发展战略[M].北京:党建读物出版社,2015.

[80] 吴江.建设世界人才强国[M].北京:党建读物出版社,2017.

[81] 吴江.迈向二〇三五 建成人才强国的新机遇与新挑战[J].求贤,2021(1):4-5.

[82] 吴江.加快建设世界重要人才中心和创新高地[N].光明日报,2021-10-10(11).

[83] 吴江.新时代人才强国战略新在何处[N].光明日报,2022-01-16(7).

[84] 吴江,蔡学军,范巍.地方重大人才工程实施绩效第三方评估研究——以广东省"珠江人才计划"评估为例[J].第一资源,2013(5):1-10.

[85] 吴江,等.人才强国战略概论[M].北京:党建读物出版社,2017.

[86] 吴江,苗月霞.实施人才强国战略的基本经验——改革开放以来中国人才工作的回顾与展望[J].第一资源,2009(2):1-19.

[87] 吴江,苗月霞.人才强国战略管理创新研究[J].第一资源,2009(4):22-27.

[88] 吴江,孙锐.构建人才发展规划绩效评估机制[J].人民论坛,2011(35):22-25.

[89] 吴江,张相林.我国海外人才引进后的团队建设问题调查[J].中国行政管理,2015(9):78-81.

[90] 吴军,克拉克.场景理论与城市公共政策——芝加哥学派城市研究最新动态[J].社会科学战线,2014(1):205-212.

[91] 谢科范,刘嘉,闻天棋.武汉市科技人才政策效果仿真分析[J].科技进步与对策,2015(14):92-97.

[92] 谢明,刘爱民.可行性及其路径:刍议大数据方法在公共政策评估中的运用[J].现代管理科学,2017(11):6-8.

[93] 谢明,张书连.试论政策评估的焦点及其标准[J].北京行政学院学报,2015(3):75-80.

[94] 徐旻昕.上海全球城市吸引力指标体系构建与比较分析[J].科学发展,2021(2):68-77.

[95] 颜鹏飞,王兵.技术效率、技术进步与生产率增长:基于DEA的实证分析[J].经济研究,2004(12):55-65.

[96] 杨代福,云展.大数据时代公共政策评估创新研究:基于过程的视角[J].电子政务,2020(2):92-99.

[97] 杨河清,陈怡安.海外高层次人才引进政策实施效果评价——以中央"千人计划"为例[J].科技进步与对策,2013(16):107-112.

[98] 杨现民,田雪松.中国基础教育大数据2018—2019:走向数据驱动的现代教育治理[M].北京:科学出版社,2021.

[99] 杨志新,高翔,张庆,等.大数据框架下公共政策实施评估研究[J].计算机时代,2021(1):124-127.

[100] 姚凯.深化人才一体化,赋能长三角高质量发展[N].光明日报,2021-09-23(8).

[101] 姚占雷,陈红伶,许鑫.科研人才分类分级评价研究[J].西南民族大学

学报(人文社科版),2020(6):234-240.

[102] 余兴安.经济全球化中的人才争夺与发展中国家的战略[J].中国行政管理,2002(7):10-11.

[103] 余兴安.擘画新时代人才强国战略的新蓝图[N].人民政协报,2021-09-30(3).

[104] 余兴安,魏杰.党管人才 做好凝聚人才大文章[N].中国组织人事报,2016-04-18(3).

[105] 余仲华.人才规划评估报告的基本框架探析[J].中国卫生人才,2015(11):16-18.

[106] 员杰,杨诚虎.公共政策评估:理论与方法[M].北京:中国社会科学出版社,2006.

[107] 袁振国.中国教育政策评论[C].北京:教育科学出版社,2000.

[108] 曾爱玲.国内外对公共政策评估的研究综述[J].法制与社会,2012(12):131-132.

[109] 查奇芬,张珍花,王瑛.人才指数和人才环境指数相关性的实证研究——以江苏省为例[J].软科学,2003(5):49-51.

[110] 张成福,党秀云.公共管理学(第三版)[M].北京:中国人民大学出版社,2020.

[111] 张冬梅,罗瑾琏.上海市人才政策体系改进与设计构想[J].现代管理科学,2008(11):23-24.

[112] 张浩.浅议大数据背景下公共政策评估的创新[J].信息技术与信息化,2018(9):178-179+182.

[113] 张辉菲.广东省科技人才评价政策问题分析与对策[J].科技和产业,2021(8):130-133.

[114] 张金马.公共政策:学科定位和概念分析[J].北京行政学院学报,2000(1):7-9.

[115] 张楠,马宝君,孟庆国.政策信息学:大数据驱动的公共政策分析[M].北京:清华大学出版社,2020.

[116] 中共中央组织部人才工作局.人才发展体制机制改革:顶层设计[C].

北京：党建读物出版社，2017.

[117] 中国人事科学研究院课题组.国家中长期人才发展规划实施成效显著[J].第一资源，2012(1)：14-20.

[118] 中国社科院课题组.人才强国战略指标体系研究报告[R].北京：中国社会科学院，2007.

[119] 中华人民共和国中央人民政府.2022年我国R&D经费突破3万亿元与GDP之比达2.55％[EB/OL].http://www.gov.cn/xinwen/2023-01/20/content_5738199.htm.

[120] 中华人民共和国中央人民政府.国家创新调查显示：我国稳居世界第二大研发投入国[EB/OL].http://www.gov.cn/xinwen/2023-02/22/content_5742661.htm.

[121] 周方涛.区域科技创业人才生态系统构建及SEM分析[J].中国科技论坛，2012(12)：86-90.

[122] 周海燕，鲍祥生.基于熵值法-超效率DEA分析法的广东省科技人才政策效率评价研究[J].时代经贸，2020(27)：84-86.

[123] 朱达明.人才生态环境建设策略[J].中国人才，2004(6)：57-59.

[124] 朱深.提升区域人才规划执行力[J].中国人才，2006(21)：38-39.

[125] 祝瑞.地方政府引进海外高层次人才政策比较与建议——以杭、沪、京、穗为例[J].经营与管理，2013(3)：103-105.

[126] 自然指数2020年度榜单出炉[N].中国科学报，2020-04-30(1).

[127] Acemoglu D, Johnson S, Robinson J A. The colonial origins of comparative development：An empirical investigation[J]. American Economic Review，2001，91(5)：1369-1401.

[128] Agostino D, Arnaboldi M. Social media data used in the measurement of public services effectiveness：Empirical evidence from Twitter in higher education institutions[J]. Public Policy and Administration，2017，32(4)：296-322.

[129] Agostino D, Sidorova Y. A performance measurement system to quantify the contribution of social media：New requirements for

metrics and methods[J]. Measuring Business Excellence, 2016, 20(2): 38 – 51.

[130] Bai Chongen, Li Qi, Ouyang Min. Property taxes and home prices: A tale of two cities[J]. Journal of Econometrics, 2014, 180(1): 1 – 15.

[131] Bamberger M. Integrating big data into the monitoring and evaluation of development programmes[EB/OL]. http://unglobalpulse.org/sites/default/files/IntegratingBigData_intoMEDP_web_UNGP.pdf.

[132] Bergolo M, Galván E. Intra-household behavioral responses to cash transfer programs: Evidence from a regression discontinuity design[J]. World Development, 2018, 103: 100 – 118.

[133] Bi Z, Cochran D. Big data analytics with applications[J]. Journal of Management Analytics, 2014, 1(4): 249 – 265.

[134] Ceron A, Negri F. The "Social Side" of public policy: Monitoring online public opinion and its mobilization during the policy cycle[J]. Policy & Internet, 2016, 8(2): 131 – 147.

[135] Höchtl J, Parycek P, Schöllhammer R. Big data in the policy cycle: Policy decision making in the digital era[J]. Journal of Organizational Computing and Electronic Commerce, 2016, 26(1/2): 147 – 169.

[136] Hudson J, Lowe S. Understanding the policy process: Analyzing welfare policy and practice[M]. Bristol: Policy Press, 2004.

[137] Johnson E, Krishnamurthy R, Musgrave T, et al. How open data moves us closer to "precision governance"[M]. Washington DC: International City/Country Management Association, 2013.

[138] Kennedy H, Moss G, Birchall C, et al. Balancing the potential and problems of digital methods through action research: Methodological reflections[J]. Information, Communication & Society, 2015, 18(2): 172 – 186.

[139] Kernaghan K. Digital dilemmas: Values, ethics and information

technology[J]. Canadian Public Administration, 2014, 57 (2): 295-317.

[140] Kshetri N. Big data's impact on privacy, security and consumer welfare[J]. Telecommunications Policy, 2014, 38(11): 1134-1145.

[141] Li Meng, Sun Yan, Chen Hui. The decoy effect as a nudge: Boosting hand hygiene with a worse option [J]. Psychological Science, 2019, 30(1): 139-149.

[142] Lnenicka M, Komarkova J. Big and open linked data analytics ecosystem: Theoretical background and essential elements [J]. Government Information Quarterly. 2019, 36(1): 129-144.

[143] McAfee A, Brynjolfsson E. Big data: The management revolution [J]. Harvard Business Review, 2012, 90(10): 60-68.

[144] Nachmias D, Felbinger C. Utilization in the policy cycle: Directions for research[J]. Review of Policy Research, 1982, 2(2): 300-308.

[145] Netzer O, Feldman R, Goldenberg J, et al. Mine your own business: Market-structure surveillance through text mining[J]. Marketing Science, 2012, 31(3): 521-543.

[146] Parsons D W. Public policy: An introduction to the theory and practice of policy analysis[M]. Aldershot: Edward Elgar Publishing, 1995.

[147] Pressman J L, Wildavsky A. Implementation: How great expectations in Washington are dashed in Oakland; Or, why it's amazing that federal programs work at all, this being a saga of the Economic Development Administration as told by two sympathetic observers who seek to build morals on a foundation[M]. Berkeley: University of California Press, 1984.

[148] Santos M Y, Martinho B, Costa C. Modelling and implementing big data warehouses for decision support[J]. Journal of Management Analytics, 2017, 4(2): 111-129.

[149] Shadish, W. R. Evaluation theory is who we are[J]. American Journal of Evaluation, 1998(1): 1-19.

[150] Simon H A. Artificial intelligence: an empirical science[J]. Artificial Intelligence, 1995, 77(1): 95-127.

[151] Thomas D C. "Big data" in research on social policy[J]. Journal of Policy Analysis and Management, 2014, 33(2): 544-547.

[152] Tian Xuemei. Big data and knowledge management: A case of déjà vu or back to the future? [J]. Journal of Knowledge Management, 2017, 21(1): 113-131.

[153] Vedung E. Public policy and program evaluation [M]. New Bruswick: Transaction Publishers, 1997.

图书在版编目(CIP)数据

人才政策评估的数字化方法 / 薛泽林著 . —— 上海：上海社会科学院出版社，2023
　ISBN 978 - 7 - 5520 - 4200 - 9

Ⅰ.①人… Ⅱ.①薛… Ⅲ.①人才政策—评估—数字化—方法研究　Ⅳ.①C962

中国国家版本馆 CIP 数据核字(2023)第 140846 号

人才政策评估的数字化方法

著　　者：薛泽林
责任编辑：赵秋蕙
封面设计：黄婧昉
出版发行：上海社会科学院出版社
　　　　　上海顺昌路 622 号　邮编 200025
　　　　　电话总机 021 - 63315947　销售热线 021 - 53063735
　　　　　http://www.sassp.cn　E-mail：sassp@sassp.cn
排　　版：南京展望文化发展有限公司
印　　刷：上海万卷印刷股份有限公司
开　　本：710 毫米×1010 毫米　1/16
印　　张：12.5
字　　数：200 千
版　　次：2023 年 9 月第 1 版　2023 年 9 月第 1 次印刷

ISBN 978 - 7 - 5520 - 4200 - 9/C・225　　　　　定价：65.00 元

版权所有　翻印必究